「未来の学び」をデザインする

空間・活動・共同体

新版

美馬のゆり　山内祐平

東京大学出版会

Design for Learning Environments: Space, Activity and Community
Extended Edition
Noyuri MIMA & Yuhei YAMAUCHI
University of Tokyo Press, 2005 & 2024
ISBN 978-4-13-053098-9

新版の刊行にあたり

本書の企画は二〇〇一年、著者（美馬）が客員研究員としてMITメディアラボ（MIT Media Lab）にいた頃だったと記憶している。それから四半世紀が経とうとしている。今では日常的に使われている「ワークショップ」、「PBL（プロジェクト型学習）」、「ポートフォリオ」、「リフレクション」、「ラーニングコモンズ」、「アクティブ・ラーニング」、広義の意味での「デザイン」という言葉は、当時日本ではまだほとんど知られておらず、辞書で調べてもそれらしい意味は出てこなかった。これらの言葉を並べてみるとわかるように、いずれも当時からすれば「未来の学び」を指し示す概念であったように思う。

副題である「空間」「活動」「共同体」を切り口にして、「未来の学び」について実践例を交えながら、理論的な背景、学習に対する概念の変遷を紹介し、「学びの場をデザインしていこう！」と呼びかけた。学びは生涯にわたるものであり、学びの場は、学校だけでなく、ミュージアムや企業、ＮＰＯなど、至る所に存在することを、そしてそれは誰でもデザインすることができると提案したかった。特に空間については、従来の「学校建築」という概念から広げ、「学びの空間」としてその重要性を示したつもりである。

著者（美馬）は一九九八年、公立はこだて未来大学の校舎設計に携わる機会を得た。二〇〇〇年に完成した建築家山本理顕氏によるその校舎は、二〇〇二年日本建築学会賞（作品）を受賞し、大学の校舎という概念を変えたと、現在でも学校建築として高い評価を得ている。

山本理顕氏は一連の作品で、建築を通じたコミュニティの創出の点が高く評価され、二〇二四年プリツカー賞を受賞した。未来大学完成後山本氏は、私たち計画策定員会との設計プロセスを振り返り、「今回の体験は、建築はまだ捨てたもんじゃない、期待されているという実感である。ただ、その期待は私たちが『共感される空間』を提案できるかどうか、という期待である。と同時に「共感された空間」はすでに共有された空間である、ということはその実現のプロセスそのものも共有されている、その共有されることに対する期待である。」と述べている（『新建築』二〇〇〇年九月号）。

著者（山内）は、二〇〇七年から二〇〇八年にかけて完成した、東京大学駒場キャンパスのICT活用型協調学習教室「KALS（駒場アクティブラーニングスタジオ）」、本郷キャンパスの「情報学環・福武ホール」の設計に携わった。ここでも建築家との協働によって、最初に建築家が提示した案から変更されていった。協働のベースになった「学びと創造の交差路」という場のデザインについては、二〇〇八年グッドデザイン賞を受賞している。

著者は共に、最初にやりたい活動のスタイルがあり、そのための空間が欲しかった。空間の設計図が提示されると、そこでどんな活動が行えるかのイメージが湧く。建築家が提案してくるものとイメージがずれていることもあり、そのすり合わせが議論を通して行われ、そこに新たな形ができあがってくる。まさに協働の産物である。実際に建物が出来上がって活動が始まると、予想していなかった活動が起こってきた。空間が私たち使用者に、新たな活動を誘発するのである。空間の力を思い知らされることになる。こうして活動は常に変化し、またそのプロセスの中で共同体ができあがり、耕され、コンヴィヴィアルなものとなっていく。

これらの空間に共通するのは、互いの活動が見える、気配を感じるということかもしれない。二〇一九年のパンデミックを境にリモートの学習環境が急速に増えてきている中、失われたもの、学びにとって何か重要なものを見つけることができる気がした。本書ではそれを「アトリエ的学習環境」と名付けていた。かつての日本の生活の中にあった、軒下、縁側、井戸端といった、たわいもない会話が聞こえてくる境界が曖昧な空間。公と私が入り混じるところ。それが現代にあって、学びの場、共同体の生まれる場所なのかもしれない。

こんなことを考えながら、本書を読んでいただければと思う。本書の最後に、著者である二人がこの二〇年を振り返った対談と、新たに追加した参考文献もどうぞ。

二〇二四年　夏

著　者

「未来の学び」をデザインする——空間・活動・共同体　目次

第2章 活動

第3章 共同体……137

「未来の学び」をデザインする・新版

序章　なぜ「未来の学び」なのか

学ぶって楽しい？　苦しい？

私たちは、生まれてからずっと、学び続けています。小さな子どもも、仕事をしている人も、お年寄りも、日々新しいことを学んでいます。「学び」とは、私たちの身のまわりに常に存在している活動です。そんな「学ぶ」という活動も、意識した途端に、苦しいもの、耐えなければならないものとして感じてしまうことがあります。なぜでしょうか。学校に上がる前、三歳から五歳の子どもを見てみてください。新しいことを発見すると、本当にうれしそうな顔をします。「学び」をこのような本来の姿に取り戻すことは可能なのでしょうか。

そのためにまず、学びについて自分に問いかけることから始めてみましょう。「あなたはどこで、誰から、何を学びましたか？」という質問はどうでしょう。もう少し限定してみてもいいかもしれません。あなたがこれまで生きてきた中で、一番学んだと思われることについて、先ほどの問いを考えてみてください。たいていの人は、学校の教室や教壇に立つ先生の姿、テストのときのことなどを思い浮かべるのではないでしょうか。

それでは「学校で楽しかった思い出は？」という質問はどうでしょう。クラブ活動や文化祭、運動会などが浮かんできませんでしたか。社会科見学や夏季学校、理科の実験、家庭科の調理実習もあるかもしれません。こういった活動の中にも、「学び」はあります。なぜこれらが楽しく、教室での授業はおもしろくないのでしょう。学校の学習として考えると、クラブ活動や社会科見学は非日常的なものであり、テストで評価されないからかもしれません。また、手足を使って何か自分で作る、試みるという活動が入っているからかもしれません。「教える者」と「教わる者」、「評価する者」と「評価される者」というはっきりとした上下関係がないことも関係しているかもしれません。

就学前の子どもが日々の生活の中で、生き生きと学んでいる姿、課外活動での楽しい学習の思い出。こういった活動の中に、人間の学びを本来の楽しい、知的探求の活動として取り戻し、それを子どもから大人までの学習活動に活かしていくためのヒントがありそうです。この本では、そういった形の学びを「未来の学び」として考えていきます。そして、「学び」を本来の姿に取り戻すだけではなく、そのような学びの環境を意識化して作っていくことを、「未来の学び」をデザインすることとして、考えていこうと思います。その足がかりとして、様々なところで起こっている学びをとりあげ、近年の認知心理学などの研究成果を織り込みながら、進めていくことにします。

なぜ「未来の学び」が必要なのか

最近学校では、総合的な学習の時間に代表されるように、博物館や野外での活動を含む、体験的な学習が増えてきています。また生涯教育では、ワークショップ型の学習として、参加体験や問題解決などのスタイルのものが数多く行われてきています。さらに企業における人材育成では、アクション・ラーニングなど、チームでの問題解決を意識した研修が行われるようになってきました。これらは一見、個々の事情からその必要性が認識され、実践されてきているように見えます。しかし、この流れをもう少し大きなところから見てみると、この同時代的な動きは、根底でつながっていることがわかります。

二〇世紀に入って、科学や技術は著しく進歩し、それに伴って社会は発展してきました。急速に変化する社会の中で生きていくためには、これまでのように、学校で習ったことだけでは十分とはいえない状況になってきました。日本が力を入れている製造業や情報産業では特にその傾向が見られます。自分が今まで見てきたことのないようなものを研究、開発していかなければならないからです。このような時代において、鍵となる概念が「学習」です。常に学び続けていくことは、個人にとっても、所属する組織にとっても、とても重要なことです。ひとたび学校を出れば、もはやそこにはいつも「先生」がいるとは限りません。学ぶ内容や方法を自分で決めていく必要があります。また組織においても、上からの指示をただ待っているような人では、物事を決めるのに時間もかかり、あらかじめ決められた範囲のことしかできません。

最近では、一人ひとりが考えて行動する、従来の組織とは逆の形をした「逆ピラミッド型の組織」も注目されています。一人ひとりが必要に応じて情報を収集し、それをもとに意思決定を行っていくというものです。コンピュータやネットワークに関わる技術の進歩によって、いろいろなところに分散してある情報をすばやく手に入れることが可能になりました。

一方、ものづくりなどの手足を動かすことや、従来の徒弟的な学びも見直され始めました。経済の高度成長期に、効率化のために切り捨てられてきたことを見直す動きです。分業化され、マニュアル化されたことにより、活動全体が見えにくくなり、将来自分がなるであろう目標としての熟達者の姿も見えなくなりました。効率化をめざして行ってきたことが、実は、個人が工夫をすることによる効率化、熟達化を阻害する方向に進めてきてしまったのです。これらのことは、人間の動機づけや、学習過程、熟達化などを研究分野とする、認知心理学の研究成果や理論的な変遷とも深い関係があります。

こういった時代の学びは、これまでと何が、どう変わってきているのでしょうか。

頭がいいとは?

一般に「学ぶ」ということは、知識をたくさん持つこと、蓄えることと考えがちです。

このような考えの下での「教育」とは、学習者に知識を注入することを意味します。こういった従来の考え方に対して、認知心理学の近年の研究成果を踏まえて、学習に関する考え方が変化してきています。このことは、実はその道の専門家でない人でも、すでに気づいているはずです。具体的な例で見てみましょう。

「頭がいいとはどんな人のことですか?」と聞かれて、なんと答えるでしょうか。筆者(美馬)は、講演の際に様々なところでこの質問をしています。そこで出てきたのは、次のようなものでした。

機転がきく人
新しい環境に適応できる人
人の思いつかないことを思いつく人
多視点からものを見られる人
たくさんの知識を持っている人
記憶力がある人

ここまで出てきたところで「本当にこれだけですか」「もっと本音を」と言ったところ、最後の方で、「学校の成績がよい人」という答えが返ってきました。なぜこれが最後になってやっと出てくるのでしょう。「あの人は東大出だから頭がいい」というように、学校の成績がよい人のことをふだん私たちは頭がいいと言います。それでも今回のようにあらためて質問すると、そのように答える人はあまりいません。それは、頭がよいということが学校の成績の良し悪しだけではないということを私たちがどこかで知っているから、あるいは知っているけれどもそれをどう表現してよいかわからないからではないでしょうか。

そこで、学校のテストの成績に関連するひとつの要因「記憶力」について考えて見ましょう。

クイズ王選手権

一昔前に、「クイズ王選手権」というテレビ番組がありました。出場者は様々なクイズ番組で一位となった経験がある、すごい人たちです。さらにその人たちが競い合うのですから、そこでの問題は一般の私たち視聴者には全くわからないような、聞いたこともないような内容です。そこに出てくる人たちを見て、私たちは、「すごいなぁ」「そんなことまでよく知っているなぁ」と感心してしまいます。彼らの記憶力、知識量は一般の人とは桁が違います。

しかしその彼らを見て、「頭のいい人」と感じる人はどれくらいいるでしょうか。彼らは、たとえば普通なら誰も知らないような歴史の細部まで知っている人たちです。それなのになぜでしょう。「頭がいい」とはあまり思われていないようです。それどころか、膨大な「知識」の保持者たちに対し、「そんなことまで知っていてなんの役に立つのだろう」「そんなことを覚えることに人生の貴重な時間を費やしてどうするんだろう」などと、一種醒めた目で見ている人たちも多いはずです。そう思うのは、私たちがクイズに出てくるような「知識」は、学校の勉強や日常の中であまり役に立たないと知っているからなのです。いってみれば、文脈から切り取られた「知識」というのは、他のものと結びついて新たなことを思いついたり、場面に応じて利用したりする力を持たないのです。

心理学の研究では、記憶の内容と覚えたときの状況とは深く結びついているということがわかっています。教室で覚えたものは、「教室」という場面では思い出せますが、日常の全く異なる場面では、なかなか思い出すことができません。人間の記憶というのは、そのときの状況や文脈、理解した過程と深く結びついているものなのです。そう考えてみると、医師になる人が国家試験のために覚えること、そしてそこで答えることは、患者を目の前にして診察しているときに必要なことを思い出すことと、かなりかけ離れてしまっているような気がします。

「知識を得ること」と「学ぶこと」

「もの知りであること」と「頭がいいこと」が違うことであるらしいことが、先ほどの例でわかってきました。「知識を得ること」は、何かを「学ぶこと」とは異なることだということです。学んだ状態とは、実際に私たちが生きていく中で、現実の場面で応用できるような、新しい場面にも適用できるような状態だといえるでしょう。

「学ぶ」ということを研究テーマとして扱っている認知心理学から、近年の学習理論の変遷を紹介することにしましょう。これまでの認知心理学では、「学習」を知識獲得の行為として考えてきました。「知識」というものがどこかに存在し、それを獲得することが学習であるという考え方です。「〇〇に関する知識」というものが独立に、単独で存在するならば、それを獲得したかどうか、記憶に残っているかをテストで測ることができます。また、それを「持っている人」が「持っていない人」に与えることができます。そうすると、それをいかに「効率よく」与えるか、ということも考えることができるでしょう。

でもちょっと立ち止まって考えてみてください。ここで述べている「知識」や「学習」は学校の中での「学習」やそこで与えられる「知識」に限定されているような感じを受けないでしょうか。つまり、「知識」というはっきりと定義できる、体系化された、いってみれば教科書に載っているようなものです。

こういった「学習」や「知識」のとらえ方に疑問を投げかけたのは、文化人類学の研究者たちです。文化人類学は異文化における生活や習慣、概念体系などの違いを研究することにより、「人間とは何か」を明らかにしようとする学問です。ここでいう異文化とは、なにも現在自分たちが生きている文化からかけ離れた文化、つまりアフリカや南米など遠く離れた大陸の文化だけではありません。同じ国の中に生きている人たちの中にも文化はいくつも存在するのです。たとえば、伝統工芸の職人文化がそれにあたりますし、若者文化もあります。

文化人類学の研究手法の主流は、フィールドワークです。異文化の中に入って、詳細にその活動を観察、記述していきます。その研究から「学び」の活動について見直す動きが出てきました。その代表的なものが、徒弟制における学びです。伝統的な活動における師匠と弟子の関係だけではなく、そこで起こっている対話ややりとり、社会構造のあり方に注目することが必要だというのです。そこに生きている人たちの共同体には、人が学んでいくための様々な人や「もの」、制度などがあり、そこにある役割を持って参加する過程こそが学びであるというものです。学びは決して個人の頭の中だけで起こる、個人的な活動ではないということです。

「鉄腕アトム」は作れるか

人間のように賢いロボットを作りたい、これは人類の昔からの夢のひとつです。これを実現するためには、まず、人間を知らなければなりません。人はなぜ賢くふるまえるのか、人の賢さとは何であるのか。その仕掛けがわかった上で、それを機械を使って実現させるのです。この研究を飛躍的に進めたのが、コンピュータという機械の出現です。

コンピュータは人間の計算機能を肩代わりする機械として誕生しました。一九八〇年代に盛んに行われた人工知能の研究では、人間の「知的な」ふるまいをコンピュータに代わりにさせることが研究されるようになりました。これは、人間もある種の「情報処理システム」であると考え、感覚器（目鼻耳など）から入ってきた情報を脳の「プログラム」が処理して行動しているという考え方が基本になっています。そのプログラムをうまく組むことによって、コンピュータに人間と同じようなふるまいをさせたい。ロボットのハードウェアの研究だけでなく、ソフトウェアの研究から「鉄腕アトム」の実現を夢見ている研究者が大勢います。こういった、人間と同じようなふるまいをさせたいと思う研究が、逆に、人間の活動を明らかにするような研究につながりました。

そこでの考え方は基本的に以下のようなものです。私たちが知的にふるまえるのは、「知識」があるからであり、その知識とはどんなものかといえば、「事実」や「規則」の集まりであると考えます。事実とは、「私は日本人である」とか、「人間は哺乳類である」などです。規則とは、「グラスは落とすと割れる」、「雨が降っているなら傘を持って外出する」などです。そして事実と規則が増えていくのが「学習」です。このような事実と規則がコンピュータの中に表現され、蓄積されて、必要に応じて引き出されることで、人間と同じふるまい、判断ができるようになるだろう、というわけです。このような研究が始まった一九六〇年代には、コンピュータの処理速度が上がり、データ保存容量が増えていけば、人間と同じように考え、判断できるコンピュータが実現できると考えられていました。

ところが、一九八〇年代になってコンピュータの性能は予想以上に上がりましたが、賢いコンピュータを実現することがそう簡単ではないことがわかってきました。知識の表現方法を工夫したり、規則の表現や適用方法を工夫してみたりしましたが、なかなかうまくいきません。かろうじて成功した例といえば、ある特定の範囲の仕事に限定したものです。たとえば、内科における薬の処方の組み合わせや、コンピュータ・ルームのコンピュータの配置と必要配線部品のリストの提案、チェスの対戦などです。つまり、かなりはっきりと有効範囲を限って記述することのできる規則が存在している状況です。これに対して難しいのは、災害救助ロボットの行動を決定するようなプログラムの設計です。小さい部屋だけを管理しているとしても、そこで火災や地震が起こった際に、何をどう判断して、どう行動していくのか、ちょっと考えただけでもいろいろな状況判断が必要とされます。台所で火を使って調理していること、タバコに火をつけることなどと、小さな火災の始まりとの違いをどうやって判断すればいいでしょうか。ある地点での温度、煙の量、においの質。色々なセンサーを用意したとしてもそのデータを総合して何をどのように見出せばいいのでしょうか。あるいはその判断の方法を人に教えるとしたらどうすればいいのでしょうか。

これらの研究からわかってきたことは、人間はけっこう賢く、日常の中でかなり難しいことを行っているということです。またさらにそこから、人間は単に事実と規則を覚えているだけではなく、その場の状況に応じて、知識や規則を変化させて行動しているということです。逆に、変形できないような断片的な知識は、特定の状況でしか役に立たないのです。学校で覚えた歴史の年号とその事実は、学校の試験の場では役に立ちますが、あまり応用が利きません。ところがこの歴史的な事実をある種の物語として理解すると、その応用場面は広がります。このようなことから、人間の学習は知識（事実と規則）の獲得だけではなく、理解すること、またそれを利用する状況に深く関係しているということがわかってきたのです。

四枚カードと領収書

同じ時代の動きとして、認知心理学における学習研究の変化があります。発達心理学者ピアジェの考え方に代表される、学習者個人の中の変化だけに注目してきたことからの脱却です。知識を獲得したり問題を解決したりする際の文脈依存や状況依存の問題です。認知心理学で行われてきた学習の実験では、同じ構造を持つ問題であっても、実験室ではなかなか解けないが、日常生活の中では簡単に解けているという例が知られています。有名なウェイソンの実験、「四枚カード問題」を紹介しましょう。

四枚カード問題

ここに一方の面には数字が、もう一方の面にはアルファベットが書かれた四枚のカードがある。これらのカードは、偶数の裏には必ずアルファベットの母音が書かれていなければならない。このルールが正しく守られているかどうかを確かめるためには何枚のカードを裏返せばよいか。

2　5　A　B

一番多い誤りは、2とAとBの三枚を裏返すという答えです。ところがこの三枚の中でAは、裏返す必要はありません。Aの裏は偶数でも奇数でもよいのです。ルールでは、偶数の裏に母音といっていいます。しかし、母音の裏が必ずしも偶数である必要はないのです。Bの裏が偶数であるとルールに反することになるので、これは確かめる必要があります。

次の問題はどうでしょうか。

一〇〇〇〇円以上の領収書の裏には必ず上司の判が押されていなければならない。この規則が正しく守られているかどうかを確かめるためには何枚の領収書を裏返せばよいか。

領収書　領収書　裏　裏

二〇〇〇〇円　　五〇〇〇〇円

押印あり　　押印なし

答えは二枚です。二〇〇〇〇円の領収書の裏に判が必要ですし、押印のないものの表の額面が一〇〇〇〇円以上だと困ることになります。

さて、もうお気づきかもしれませんが、この領収書の問題は、最初のカードの問題と同じ構造をしています。ところが、日常業務としてこのようなことが必要な環境の中にいる人に、この問題を解いてもらうと、カードの問題のときより領収書の問題の方が、正答率がぐっと上がります。なぜでしょう。間違うと上司にしかられる場面を想像してしまう？まぁ、そこまではないとしても、日常やっていることに近く、リアリティが感じられるのは確かでしょう。実はこの問題、表現を置き換えると幼稚園の子どもでもできることがわかっています。

このような研究が数多く報告され、人間の認知は、状況や文脈に深く依存しているものであることが明らかになってきました。そこから新しい学習理論が生まれてきました。その理論の中では、社会や文化的な背景の中での人間同士の対話ややりとりが重視され、その人が生きている実践共同体への「参加の過程」に注意が向けられます。

「未来の学び」を考えるためのキーワード

この本では、こういった背景を踏まえて、人間の基本的な営みである「学び」について考えていこうと思います。その中から、学校で、企業で、社会における様々な場面で、私たちが関わっていかなければならない未来について、「学び」がどうあるべきか、どのようにしたらよいかを考える鍵を探していきます。

学校に入学する前の子どもたちが、日々嬉々としていろいろなことを学んでいるように、大人にとっても、学びを楽しい知的探求の活動とすることができるはずです。これが著者らが考える「未来の学び」の姿です。どのようにしたら、そのような環境を作っていくことができるのでしょうか。モデルとなる例はあるのでしょうか。その足がかりとして、学びを構成する重要な要素と著者らが考える「空間」、「活動」、「共同体」という切り口で、話を展開していくことにします。そこから、「未来の学び」をデザインすることを考えていきましょう。

第1章　空間

学びの場とはこういうところですか？

図1-1を見てください。これは私たちが慣れ親しんでいる、小学校の教室の配置です。それぞれの教室は、南に面し、北面の片側廊下に沿って櫛形で、横一文字に並んでいます。北側の廊下は、東西に延びています。各教室を吹き口に見立てるとハモニカのようなので、このような校舎はハモニカ校舎と呼ばれています。これは、明治二八年に三島通良らによって提案され、つい最近まで、標準型として文部省によって全国に作られてきました。教室は独立しており、集合住宅の各世帯に似ています。こういった形状から、互いに干渉しない不文律ができあがっているのです。

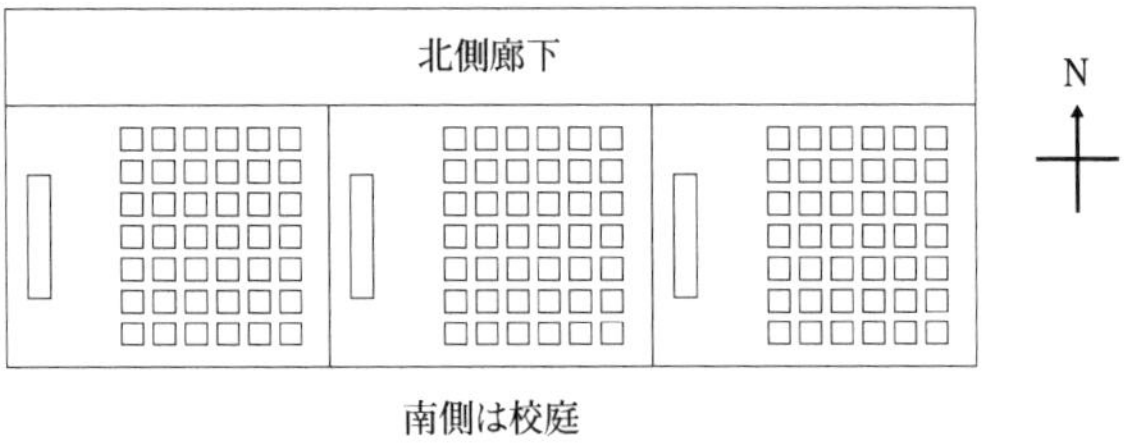

図 1-1　ハモニカ校舎　日光が入ることが，生徒の健康にとってよいとされる．西側が前になり黒板と教壇を設置．南側の窓から差し込む日光は，生徒が右手に鉛筆を持ってもノートにはその影を落とさない「最高」の環境となっている．生徒の机がびっしりと入っているため，自由に動き回れる余裕はない．また，廊下に対して櫛型に入った壁により，各教室の「独立性」が保たれている．（図の中の長方形は黒板，小さな正方形は生徒の机）

さて、今度は教室内を見てみましょう。西側の壁に黒板があり、こちらが前になります。生徒の机は黒板を向き整然と縦横に並ぶのが基本形です。日光は生徒の左（南）側から差し込むので、右手で鉛筆を持つと、影がノートの上に落ちないという優れた採光条件となっています。教室は八×一〇メートル、前後に長い長方形にかつては五〇人が入っていました。現在は、これが四〇人となっています。これだけの人数が入るとなると、余剰空間はほとんどありません。この状況が、生徒に姿勢を正し、前を向き、教員に注目させる効果を生み出しています。また、教員のための一段高い教壇は、上からの教員の視線となり、生徒に威圧感を与えます。

この教室の形は、小学校だけではなく、中学、高校、大学にまで普及しています。特に大学の一斉講義型の教室は、三〇〇人以上収容できるものまで存在し、現在でも講義が行われています。

MITメディアラボ

さて、次の写真はどこでしょうか（図1-2）。デザイン系のスタジオ、あるいは美術系大学の演習室のように見えます。これは、アメリカにあるマサチューセッツ工科大学（MIT）のメディアラボと呼ばれる研究所です。先ほどの典型的な学校の教室とはかなり異なっています。学びと空間の関係を考えていくために、この特徴のある空間がどのような経緯でこのような形になったのか、誰がここにいて、何をしているのか、詳しく見ていくことにしましょう。

メディアラボは、一九八五年、MITに大学院教育・研究組織として設立されました。扱う内容は、デジタル技術とメディア表現に特化されています。現在、教授三〇名と修士・博士課程の学生約一八〇名が所属しています。これに運営スタッフ、常駐・非常勤研究員を合わせ、総勢四〇〇名の規模で研究活動を行っています。年間の総予算は約四五億円。ラボの中には現在約三〇の研究グループがあり、一グループの平均予算は、年間約一億五〇〇〇万円です。この資金源となるスポンサーは約一七〇団体あり、そのうち米国の団体が五〇パーセント、ヨーロッパ、アジアで各二五パーセントとなっています。

このメディアラボ、なぜこのような空間になっているのでしょうか。その理由はメディアラボという組織の独自性にあります。そこでまず、その独自性を明らかにするために、三

図 1-2　MIT メディアラボ新館の空間（2021 年 10 月撮影）

つの視点を用意します。第一に、研究組織として、第二に、教育組織として、第三に、学習環境としての視点からの特徴の抽出です。

研究組織としてのメディアラボ

メディアラボは、三つの核となる領域、つまり知覚、表現、学習から成り立っています。ラボ設立当時からの参加者には、ネグロポンテ、ミンスキー、パパートなど有名教授一名がいます。これが段階を経て現在三〇名までに増えています。日本の大学のように同じ分野の人がまとまって構成する講座制とは異なり、「コンソーシアム」という研究グループの組織が存在します。教授陣はこの四つあるコンソーシアムのいずれかに所属していま す。

(1) 情報：組織化

人間の経験を豊かにする技術の研究開発をテーマとし、バーチャル・コミュニティ、可視化について扱います。

（2）考えるモノたち

「ビットからアトムへ」をテーマに、デジタル化されたデータ（ビット）を、具体物（アトム）にすることを目的としています。ウェアラブル、タンジブル、ユビキタス、量子コンピュータなどがここの研究テーマになっています。

（3）デジタル・ライフ

バーチャル空間の研究を行っています。その応用分野としてエンターテインメント、ネットワーク、学習、コミュニケーションについて扱います。

（4）デジタル・ネイションズ

コンソーシアムの中では一番新しいもので、デジタルの技術の応用領域として、発展途上国の情報化についての研究開発を行っています。

メディアラボは、運営形態としてスポンサー制をとっています。スポンサーは現在、約一七〇の企業、政府機関、国際機関です。いってみればこれは、「会員制クラブ」です。スポンサーになると、メディアラボにおける研究開発について、知的所有権を無償で使用可能になります。非スポンサーには非公開が原則で、開発後二年間はライセンス供与しないことになっています。

コンソーシアムへ参加するには、約二六〇〇万円を最低三年支払う契約が必要になります。年間一三〇〇万円の追加料を支払うと、小グループであるSpecial Interest Group（SIG）に参加することができ、自社組織のスタッフ（社員や職員）をメディアラボに常駐させる権利が与えられます。

このような大金を支払ってスポンサーになるということに企業側はどんなメリットを見出しているのでしょうか。

第一に、知的所有権の獲得です。メディアラボでの研究成果を自社のビジネスに活用することができます。スポンサーは、スポンサー期間中にラボで開発されたすべての成果物の知的財産（特許や著作権）を無償で利用する権利が与えられます。全スポンサーが同様の権利を共有し、ラボの活動は全スポンサーにオープンになっています。

このような「会員制クラブ」の導入は、企業からの資金提供の抱える問題を様々な点で解消することができます。企業と大学が連携する際に起こる問題として、企業からは、短期的に成果が出るものや、商品としてすぐに製品化できるような応用主義的なもの、あるいはその過程においては学会などに公表してほしくないという秘密主義が要求されます。こういったことは、大学側から見れば、基礎的な研究や研究の深さに支障をきたします。また、企業は情報を独占したがるのでオープンに共有できないこともあります。しかしながら、ラボ全体の成果を全スポンサーに開放することにより、こういった問題を解消することができるのです。

このようにすべての成果をスポンサーにオープンにすることによって、スポンサーからの要求は変化しました。まず、短期的に成果の出る専門的な研究であれば企業でもできるということ。したがってメディアラボに望むことは、企業ではできない、突飛なアイデアや、未来を予見するよりは自ら未来を作り出すような研究です。そしてネグロポンテ初代所長からはメディアラボの教授や学生に対し、「透明に！」という檄が飛び、研究成果のラボ内での公開および共有が期待されています。これが後に述べる空間の透明性に関係しています。

スポンサーになる第二の理由は、人的資源の活用です。メディアラボにおける技術やアイデアといった成果物を活用するだけでなく、自社の研究課題や製品テーマを持ち込み、ラボの教授や研究員にコンサルテーションを受けることができます。ここで企業側に要求されるのは、ラボの中のどういった研究が自社の製品開発に役立つのかといったことを見極める、高度な技術力と目的意識です。すべての研究がオープンである分、何が自社にとって重要であるかという判断は、ただ待っているだけでは与えられるものではありません。積極的にスポンサー側からラボへアプローチしなければならないのです。

第三に、年二回開催されるスポンサー会議（スポンサー・ウィーク）です。各会議ともに一週間開催されます。成果発表会であるこの会議は、学会とオープンラボを合わせたようなものです。シンポジウムがあり、グループごとにポスターが作成され、研究室がオープンになります。そこでの説明は、教授だけでなく、研究員である学生たちが主に担当します。この場は、成果の発表だけではなく、優秀な学生をリクルートするという、企業と学生の「お見合い」の場にもなっています。またこの一週間は、朝食、昼食、夕食ともに立食や着席形式の食事が提供されるため、ラボと企業の交流だけではなく、スポンサーどうしの情報交換の場ともなっています。

教育組織としてのメディアラボ

メディアラボには現在、約一八〇名の大学院生が所属しています。その内訳は、修士課程が六割、博士課程が四割です。女子学生は全体の三割で、三五パーセントがアメリカ国外の出身者です。このほかに、受講生として、二〇〇名の学部生が出入りしています。

メディアラボの学生受け入れの特徴は、入学許可を出すと同時にすべての学生に学費免除と奨学金を与えることです。現在ＭＩＴの学費は、年間約三五〇万円です。これが全額免除となります。また入学と同時に学生は、全員リサーチ・アシスタントとなり、月額約二二万円の給与が支給されます。贅沢をしなければ、大学の近辺にアパートを借り、日々暮らしていくことができる額です。リサーチ・アシスタントは、教授たちと同じデザインのメディアラボのロゴ入り名刺が支給され、スポンサーに対応することが要求されます。こういった経済的支援の仕組みが、学生にプロとしての自覚を持たせ、スポンサーに対する説明などを通して、研究で成果を上げることを意識させることにつながっているのです。

ラボでのすべての講義において、その教育方法として、一方的な講義形式の座学よりハンズオン（ものづくり）やプレゼンテーションが重視されています。筆者（美馬）が在籍していた二〇〇二年二月に、カリキュラムの見直しの動きが出てきました。多様性の強みを活かしながらもコアカリキュラムの必要性についての議論がなされました。「メディアラボでの基礎とは何か」ということについて考えようとすると、「身につけなければならない基礎となる知識や技術とは何か」ということから始めると通常考えられます。しかしここでは、「経験を共有する」という視点から議論がなされました。このカリキュラムの見直しについての議論は、教授二名が提案し、有志の教授たちと学生たちにより討論会が開催されました。はじめに教授からの見直しの視点が提示され、今後は、学生の有志により、継続的に検討をしていくことになりました。

この討論会で、メディアラボの教育分野を五つに分類しました。それは、「学習」「表現：デザインと批評」「提示」「信号とシステム」「物理と電気」です。ここで注目すべきは、「表現」に対してその但し書きとして、「デザインと批評」とされている点です。表現は、ただデザインするだけでなく、常に「批評」という側面を持つ必要があるということを示しています。また、この五つの分野を学ぶ方法として重視されたのは、「テーマと技術と経験」であり、それを行うのは、「誰かに何かを教えること」「修士課程の研究への批評」「博士論文講評会への出席」の三点です。

学生たちだけではなく、教授陣も含め、メディアラボが生き残るためには、スポンサー、あるいは社会へ自分たちの存在をアピールすることが不可欠だという強い信念が共有されています。そこでの合い言葉は、「デモか死か」です。研究のデモンストレーションをしなければ、研究費はとれず、それは研究所の死を意味します。年二回のスポンサー・ウィークは、それが試される場となっています。米国の大学は九月に新年度が始まります。スポンサー・ウィークの第一回目は九月下旬に開催されます。つまり、九月に入学して間もない修士課程の一年生が、メディアラボのリサーチ・アシスタントの名刺を持ち、自分の所属するグループのデモをスポンサーに対して行う場が用意されているのです。自分のグループの研究内容を把握し、説明し、さらに自分の研究計画を披露しなければなりません。これはどのような講義よりも、自己の責任において、学ばなければならない格好の機会を与えています。

学習環境としてのメディアラボ

メディアラボの建物の特徴は、オープン・スペースとともにガラスが多用され、フレキシビリティの高い空間を持っている点です。基本的なスペースの構成単位として、各研究グループの中に、教授の部屋、博士課程の学生の部屋（二人で一部屋）、研究グループのスペースがあります（図1-3）。このほかに、講義や会議に使われる大小のいくつかの部屋と、管理スタッフのスペースがあります。いくつかの会議室を除き、ほとんどの壁はガラスでできており、中の様子がわかります。研究グループのスペースはオープンで、そこにはソファがあります。このソファでは、研究室から出てきた学生がくつろいだり、スポンサーに応対したりする場所として利用されています。電話、プロジェクタ、テレビ、ホワイトボードなどもあります。これらは、他愛もない会話から、あるいはディスカッションから生まれたアイデアをすぐに検討できるような環境となっています。その特徴的な空間を写真で紹介しましょう（図1-4）。

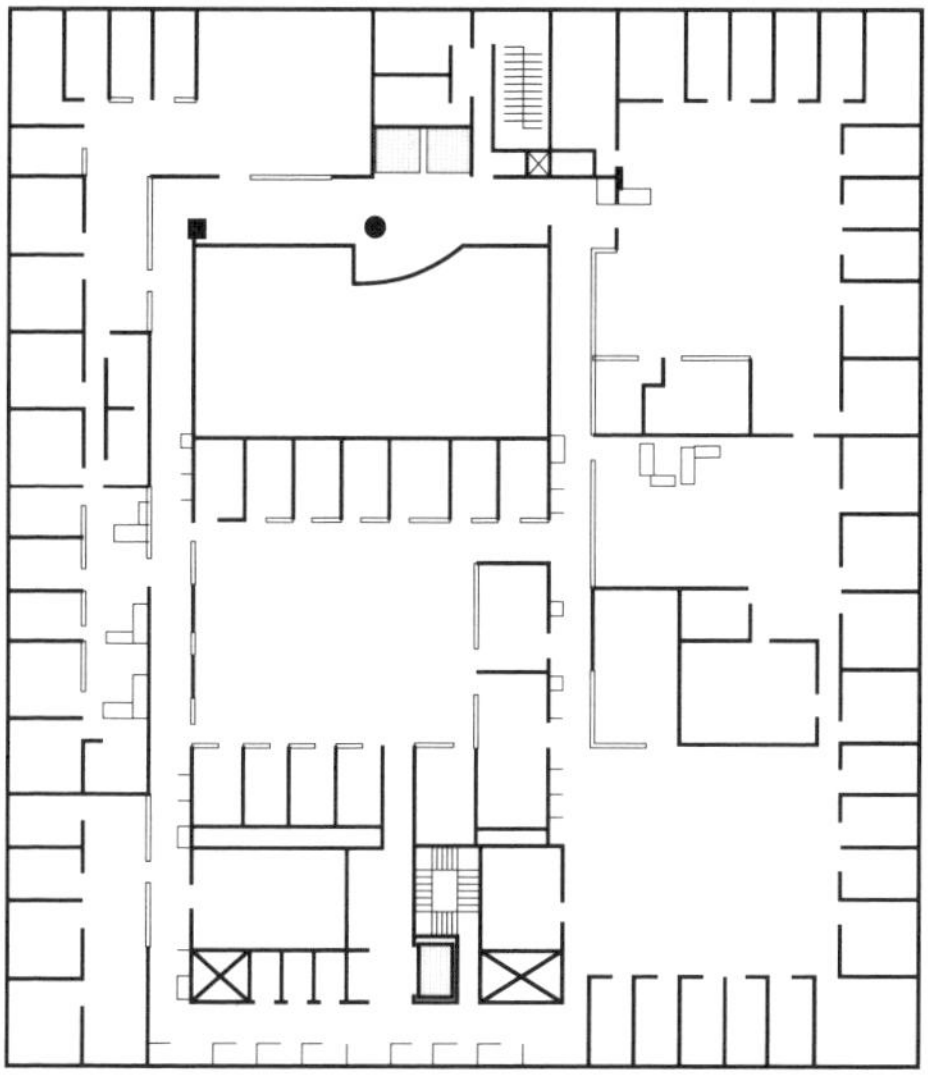

図 1-3　メディアラボの典型的フロアア図　外周に沿って教授や研究員の研究室がある．中心の部分には研究グループで共同利用するスペースがある．研究室と廊下の境はガラス張りで，中の様子がわかる．

拡張を続けるメディアラボ

以上、メディアラボを三つの視点、研究組織として、教育組織として、学習環境として、概観してきました。このラボは、ＭＩＴの中の独立した研究組織であり教育組織です。経済的には、大学本体や政府に依存していません。この組織を日本でたとえるならば、インキュベーション・センター（起業支援センター）というのが、最もふさわしいでしょう。従業員六、七名の三〇ほどの小企業の集まり。つまり、小企業の社長が教授であり、従業員は大学院生です。自分たちの研究を実施するために、デモンストレーションを行い、集金活動を行う。そしてその成果を発表し、評価を受ける。企業との違いは、そこに組み込まれた活動が、教育活動ともなっている点です。その活動は、お金を儲けるためではなく、また、生きるために我慢して働いているのでもありません。むしろ楽しんでやっているように見えます。

メディアラボの「学習」に関する研究グループがLifelong Kindergartenというキーワードを使用しています。これは、「生涯幼稚園」つまり、幼稚園児のように楽しみながら生涯、様々なことを学んでいくという、人間の学びのあり方について表現しているものです。学習環境としてのメディアラボの建物は、まさにこれを実現しています。いたるところに、作りかけの研究開発物である「おもちゃ」があります。これらは数年後には社会を変える研究成果、発明品となっているかもしれません。

現在メディアラボは、MITのキャンパス内のワイズナー・ビルディングというメディアラボの象徴的な建物に収まっています。この中に多様な分野の人々が集まり、様々な形でのインタラクションが起こっています。しかしながら、プロジェクトやそれに関わる人々が増えたことにより、現在の建物の隣に、第二のビルの建築計画が進んでいます。そのために、一部のグループは、徒歩五分のところの商業ビルに間借りしています。さらに、二〇〇〇年から二〇〇五年の間、アイルランドのダブリンにメディアラボ・ヨーロッパが、二〇〇一年から二〇〇三年の間、インドにメディアラボ・アジアが開設されました。こういった状況を考え合わせると、一つの空間に「知覚、表現、学習」をテーマに様々な領域の研究者が集まり学際的な研究を行うという、これまでメディアラボを支えてきたコンセプトが薄れてしまうような気がしてなりません。この二〇年間で成功してきた組織が、大

図 1-4　右上：院生研究室　博士課程の学生が一部屋を二人で使っている．壁はガラス張りで，廊下から中が見える．

右中：グループ空間　大学院生が使える共用のコンピュータや，スポンサーなどとの打ち合わせにも使用するソファやプロジェクター，電話などが置かれている．まわりには，そのグループの教授の研究室や秘書の部屋，大学院生の部屋がある．境の壁はすべて透明なガラス．

右下：ゼミ室兼会議室　会議や講義が行われる部屋．横の壁は，左側全面（天井から床まで）がホワイトボード仕様，右側全面が画鋲を止められる仕様になっている．

上：研究実験室　未来のキッチンがテーマの研究実験室．通常のキッチンと同じような作りになっている．いたる所に開発中の機器が埋め込まれている．廊下との境はガラスで，中の様子がよく見える．

所帯になり、さらに拡張し続けている現在、この行方を慎重に見守っていく必要があるでしょう。

美術系大学における学び

デザイン系のスタジオ、あるいは美術系の大学の演習室のように見えたメディアラボですが、その空間ができあがった背景には、研究や教育に関する新しい考え方がありました。それではデザイン系のスタジオや美術系の大学の演習室は、通常の教室と何が異なっているのでしょうか。ここでは特に、その学習方法の特徴について考えてみることにします。

美術系大学の学習と通常の学習との違いは、三つあります。まず第一に、アトリエ的学習空間の利用。第二がリフレクションの実施。第三がポートフォリオの制作です。

アトリエ的学習環境

アトリエ的学習空間とは、作品を制作する学習空間のことです。通常の教室環境と異なる点は、学習者の制作過程が授業者や他の学習者に公開され、物理的なものだけではなく、

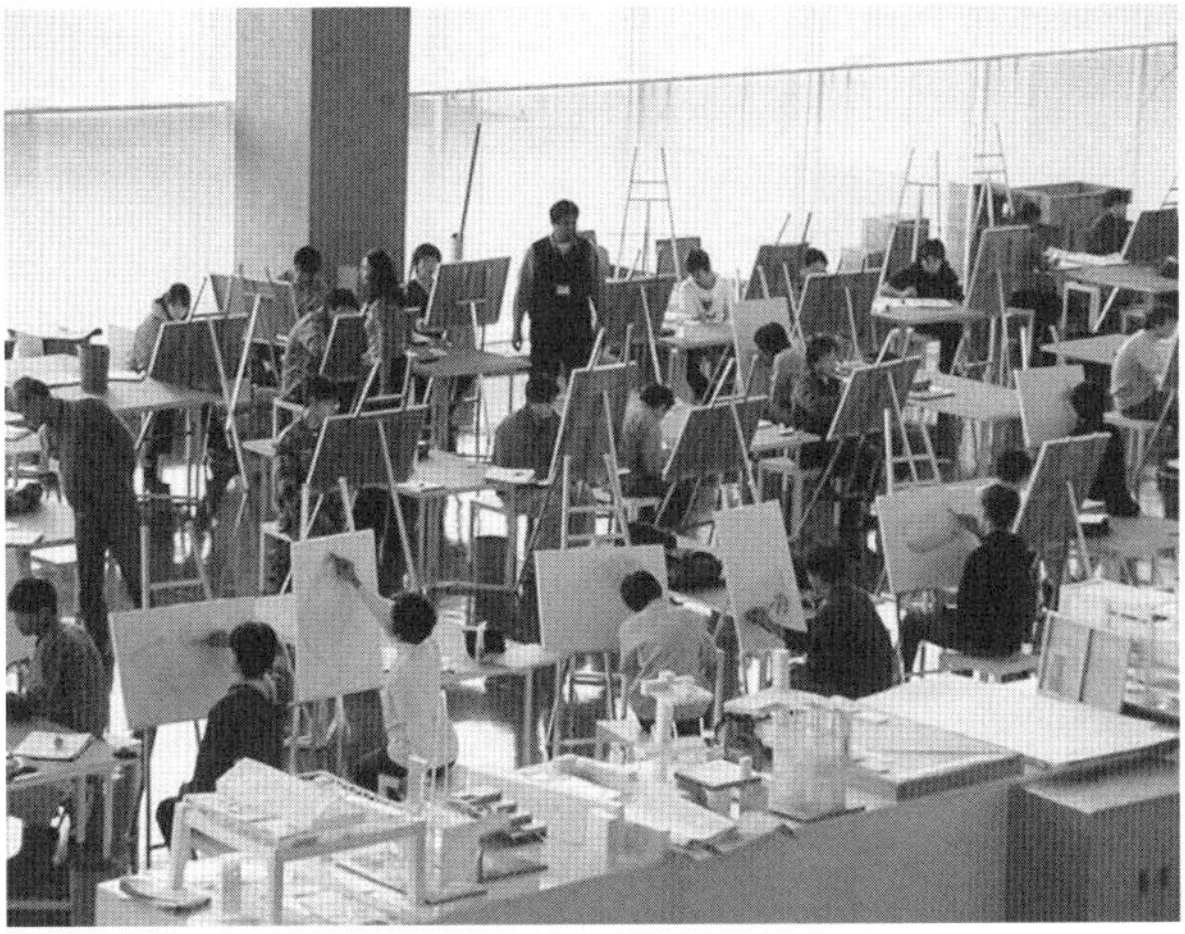

図 1-5　アトリエ的学習環境　アトリエと呼ばれている空間．学生は課題にしたがってスケッチしている．自分の課題を行いながら，ときには他の学生の作品も見ることになる．教員は学生の間を回ってコメントしている．コメントは，近くにいる学生にも聞こえる．

そこでのインタラクションが共有されることです。

美術系の授業を見てみましょう。演習室（美術室）では、学生はそれぞれイーゼルを立ててそこにおいてあるキャンバスに向かって絵を描いています。その間を教員が回って歩き、各学生にコメントしています。学生も自分のまわりの同級生の作品を見ることができます。同じ課題に取り組んでいる同級生が、どんなものを描いているのか、その進行状況も見ることができます。また、教員の同級生へのコメントも聞こえてきます。

これに対し、講義型の授業では、同じ授業に出ている同級生が、何を考えているのかを知ることはできません。中間や期末に提出するレポートも、担当教員に提出するだけで、同級生が何を感じ、何を考え、何をまとめとしてレポートにしたのか、見る機会はありません。同じ教室で、同じ授業を一緒に受けていても、それは教員と学生の一対一の関係で、比べることはできないのです。

美術系大学のように、同級生がその授業から何を受け取っているのか、それに対する教員のコメントも共有することができれば、その内容に対してさらに深い理解につながるはずです。こういった環境をここでは、「アトリエ的学習環境」と呼ぶことにします。

リフレクションの実施

リフレクションとは、何を学び何を試みたのかを学習者が反芻する過程です。今までに行ってきたことを振り返り、意味づけをする。それが深い理解につながり、次に行うべきことが見えてくることになります。通常、美術系大学では講評会と称し、学習者が制作意図を述べ、授業者がコメントすることを、他の学習者が同席する場で行います。自分の作品について、どのような過程を経て、その最終結果（作品）に至ったかを説明することは、重要です。通常の授業を受けたあとでも、テキストを読んだ後でも、そこから自分が何を感じ、何を学んだかをもう一度考えることによって、それを自分の中で位置づけることができるからです。それが次の学びにつながっていきます。作りっぱなし、聞きっぱなし、読みっぱなしでは、一瞬の経験として、すぐに通り過ぎてしまうのです。

美術系大学の講評会は、さらにそれを人前で話すことを要求されます。人前で話すときには、相手にわかるように筋道を立ててまとめることが必要です。「筋道を立て、まとめる」という活動が自分の学んだことを意識化し、位置づけし、次の活動へとつなげていく

図 1-6　講評会　課題に対して学生が自分の作品を見せながら，その意図を教員や他の学生の前で説明する．教員はそれに対してコメントを行う．この講評会が，学生にとってリフレクションを行う機会となる．

機会を与えてくれます（図1-6）。

ポートフォリオの制作

ポートフォリオは、作品の制作過程や資料などを集めた学習記録を保存したものを指します。これは授業者や学習者が評価を行う際にも用いられます（図1-7）。

作品を作る過程で、自分が何を悩み、何を考え、最終的な結果に至ったのか、それをもう一度見直すために、ポートフォリオは貴重な資料となります。講義を受けていたときの自分ノートが、だいぶ時が経ってから、その内容を思い出すときに役立った経験を持った人も多いのではないかと思います。その内容をもう一度勉強し直す必要に迫られたとき、教科書を読み直すより、自分のノートを見直す方がよかった覚えはありませんか？

ある有名なシェフは、分厚いカードファイルをいつも手元においているという話を聞いたことがあります。ある特別なことが必要なお客様、たとえば糖尿病の方には、調理においていろいろ制約があります。そういったとき、自分が昔勉強したときのカードが役立つのです。そこにはいろいろ細かいメモも書かれています。そのファイルが厚くなっていく

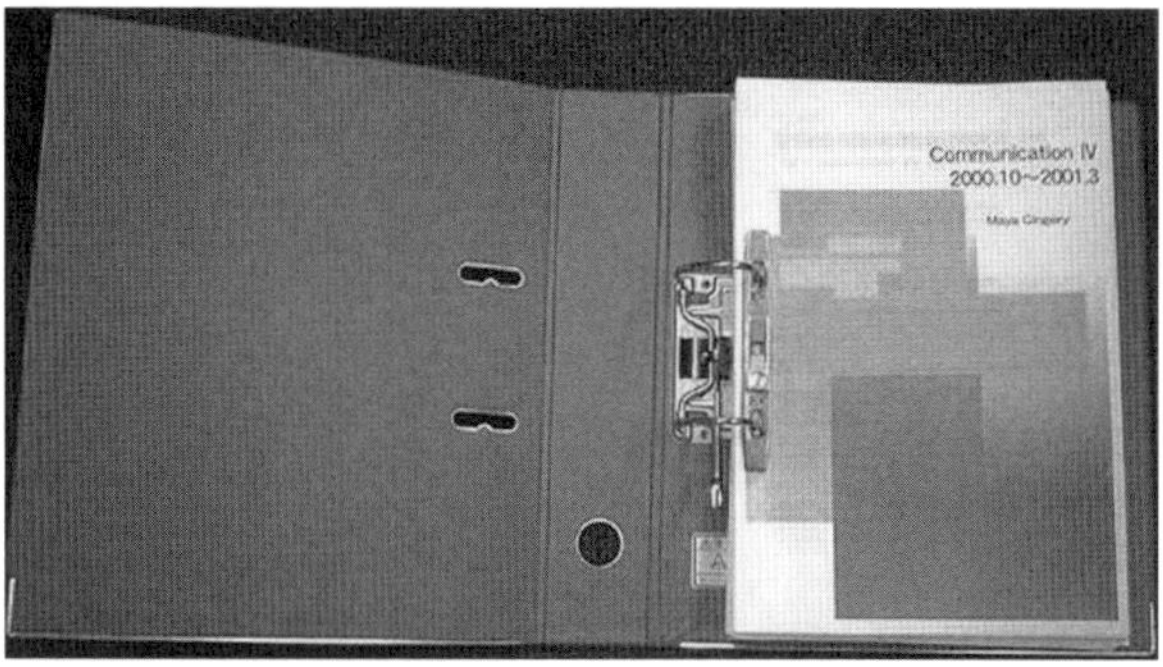

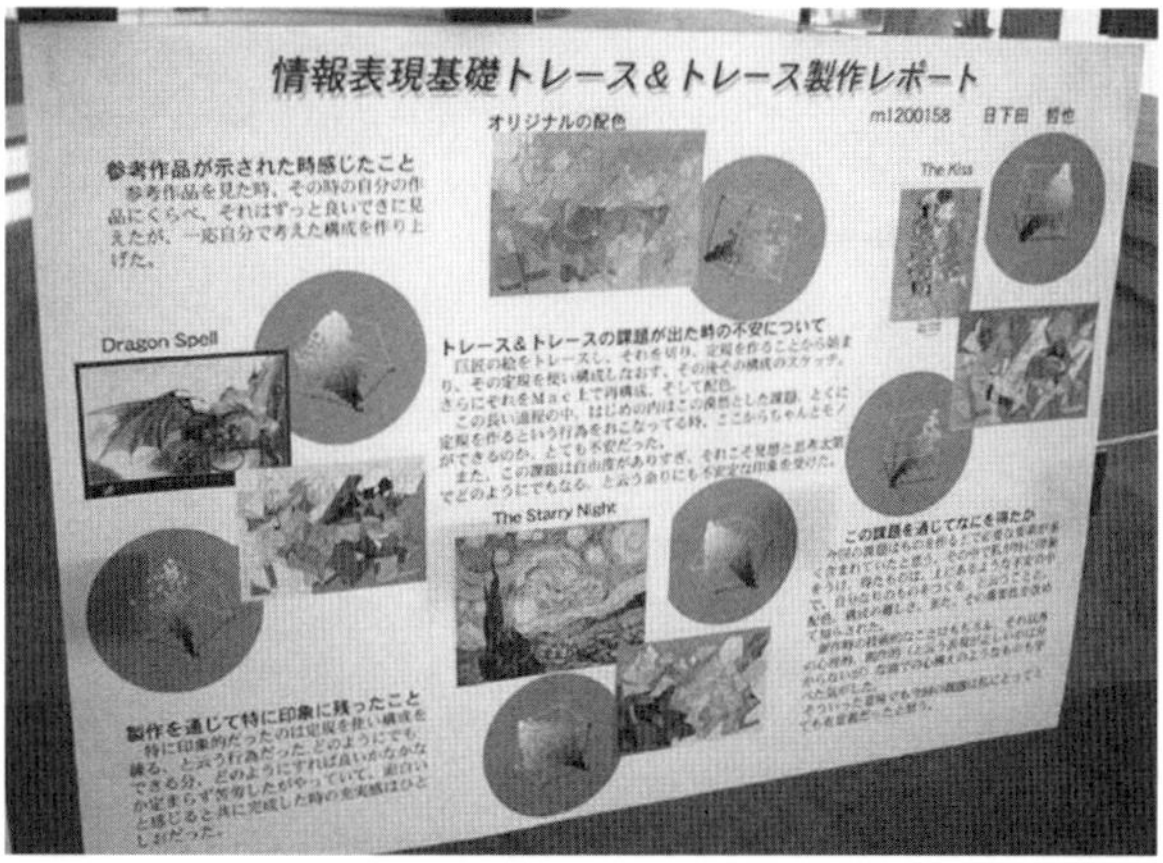

図 1-7　ポートフォリオ　学習者による統合化された収集物．同じ形式でファイルにとじたものや，ポスターやスケッチ，作品などもある．学習者の努力や成長，達成がそれらから読み取ることができる．ある課題のポートフォリオには，以下のものが含まれる．問題設定，内容の選択，学習の意義，参加の記録，学習者のリフレクションなど．

ほど、シェフはいろいろなことを学んで経験を積んでいることを示しています。

誰にでも通用する一般的なテキストより、自分の手垢のついた、学習履歴のほうが、その学んだ状況を含めて思い出すことができるのです。

美術系の学習環境を応用する

美術系の学習と通常の学習との違いについて三点お話ししました。アトリエ的学習空間の利用、リフレクションの実施、ポートフォリオの制作です。いってみれば、これは、ものをつくる、他者の目にさらす、振り返って考える、という過程です。実はこのどれもが、人間の学習、記憶の理論と深く結びついています。これまで学習は、知識獲得の行為として、個人の頭の中の問題としてとらえられてきました。しかし近年の認知心理学、文化人類学などの研究成果から、学習は、個人的な活動ではなく、社会文化的インタラクション（対話）や実践共同体への参加の過程であるということが言われるようになりました。また、記憶や学習はそのときの文脈や状況に依存していることもわかってきました。学校で学習したことは、学校という場の中で思い出すことは容易にできても、日常生活の中ではなかなか利用しにくいということは、よくあることです。

互いの学習活動が見えるという美術系の大学の状況は、見習いシェフが与えられた作業をしながら、様々なレベルの人たちの作業を横目で見て学んでいく状況に似ています。ある活動に周辺的に参加できる環境を学習者に与えているのです。それは、ある目的を持った共同体に、メンバーとして参加することによって意識や問題や価値を共有することを意味します。このことについて、さらに考えていくために、この環境とは対照的な、従来の教室空間と対比してみることにしましょう。

学校という空間

美術系大学の学習空間に対し、通常の学校はどうなっているでしょうか。そこには、「学級王国」を強力にサポートする装置としての「ハモニカ校舎」があります。学級王国という言葉は、特に小学校における教員と子どもの関係に対する批判的な意味で使われています。教室では、教員は王様のようにふるまい、他の人たちは口出しすることができない状態になっているということです。

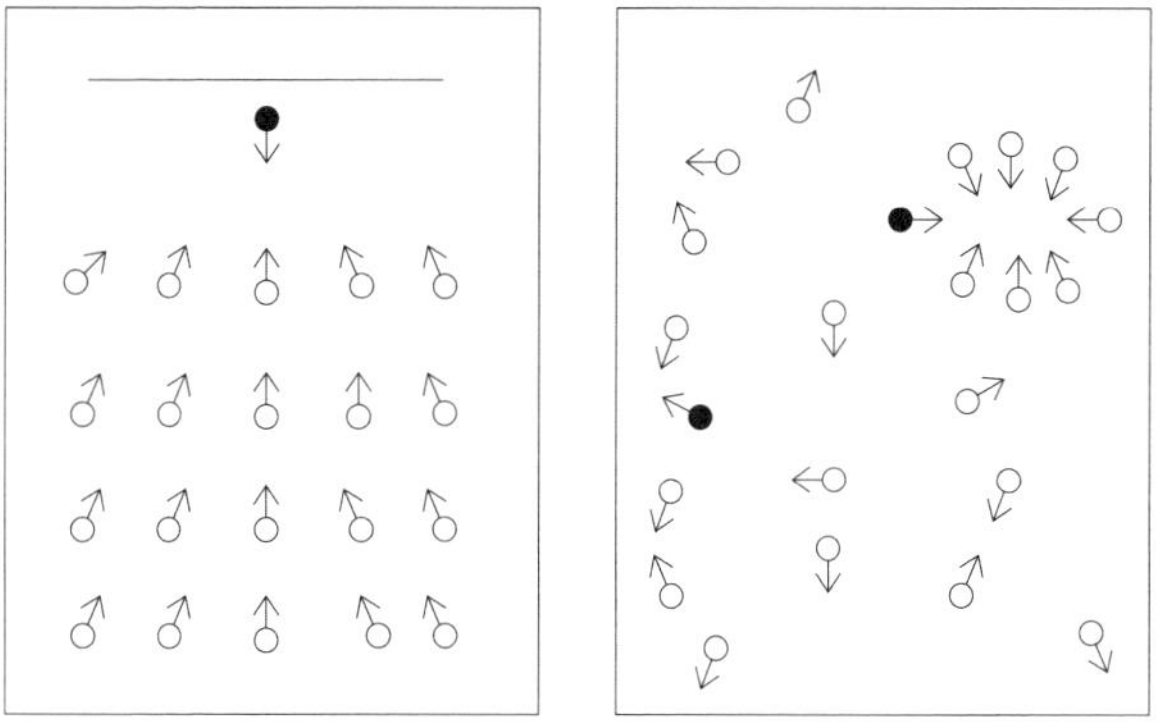

図 1-8　異なる学習環境による視線の違い

これに対して、グループ学習などで使われている教室環境を見てみましょう。グループごとに分かれたり、教員となる人が複数入っていたり、それが多様な視線の違いとなって現れてきます。これが、伝統的な教室環境と開放的な教室環境の違いです。

日本でもこのような開放的な環境を利用した教育方法の転換が、一九九〇年代になってから盛んに行われるようになってきました。問題解決型のグループ学習の実施や、ティーム・ティーチングの採用、オープン・スペースの利用などです。

問題解決型のグループ学習は、これまでの教科の縦割りの科目ではなく、あるテーマについて、関係する教科から多面的に学習していこうとするものです。たとえば環境について考えてみると、環境問題は、社会経済的な問題でもありますし、大気や水質などの理科的な要素も含まれます。様々なことを調べてまとめていく中では、国語的な要素や、統計など数学的な要素も出てきます。現実社会に実際にある問題について、調査し、議論していくことによって、必要となる知識や技能を学ぶための動機づけにもなるのです。

ティーム・ティーチングは、専門の異なる教員、経験の異なる教員がティームになることによって、様々な効果を生み出すものです。一人では思いつかなかった授業のテーマや内容、方法を互いに学ぶよい機会となり、生徒の見方も多面的になります。

オープン・スペースやオープン・スクールは、日本では一九七〇年ごろから導入され始めました。ハモニカ校舎からの脱却です。教室の壁を取り払い、机やいすの配置が自由に組み替えられるのが特徴です。これは、問題解決型のグループ学習のような活動と対になっています。壁をただ単に取り払うだけで、従来の授業を行うのでは、隣の音が丸聞こえという、騒々しい環境を作るだけです。図1-8の「開放的な教室環境」は、グループ学習のような活動を伴って初めて、その効果が生まれるのです。

大学教育における問題

一九九〇年ごろから、大学教育における問題が様々なところで指摘されるようになりました。それは、一方的に話される講義という教育方法であったり、社会とのつながりのわからない講義内容であったりします。また、各講義だけの問題ではなく、教科間のつながりのわかりにくいカリキュラム構成であるために、結局、四年間で何を学んだかはっきりしないということが出てきました。またさらにそこには、不透明な教員の活動もあります。先に述べたように、高校までの教員と違い、大学の教員は、個室の研究室を教室とは別棟に持っており、授業で会う以外は、その教員が普段何をしているのか、知る機会はあまりありません。

高等教育を取り巻く社会的状況も大きく変化してきました。少子化によって大学全入時代に入ろうとしています。大学進学希望者の数が全国の大学の定員の合計を下回るというものです。つまり、大学さえ選ばなければ、どこかの大学には必ず入学できるということ。人気のない大学は、定員を埋めることができず、経営が成り立たなくなることになります。

大学経営がこのような苦難の時代に入り、教育の質の向上が求められています。

大学教育における新しい動き

これまでお話ししてきたように学校という空間には様々な形があり、そこには問題点もあります。こういった状況をふまえて新たに作り出された大学があります。この大学は、一九九六年に具体的な設計が始まりました。

まずはその空間を見てみましょう（図1-9）。どうも学校らしいということは、写っている机やいす、人々の様子でわかります。さてここからが問題です。「アトリエ」「ミュージアム」「スタジオ」と名のついたこの空間、いったい何の学校だと思いますか。

イーゼルに向かって何かを描いていること、また、「アトリエ」という言葉からも、美術系の学校だと思われるかもしれません。実はこれ、二〇〇〇年四月に開学した、情報系の単科大学です。この大学を作る過程では、いろいろな意味で大学の中にある「仕切り」を取り外すことが試みられました。その仕切りとは、物理的な壁、人間間の壁、分野間の壁、地域との壁です。

図 1-9　上：アトリエ，中：ミュージアム，下：スタジオ（写真提供（中・下）・鈴木理策）

物理的な壁とは、教室と教室を仕切る壁、教室と廊下を仕切る壁、教員室や事務室を仕切る壁などです。たとえば、普通の大学では教室のそばを通りかかったとしても、その教室の中でどんな講義が行われているのか知ることはできません。工学系の演習室には、電気電子工房、機械工作室、ＣＡＤ実習室など、興味をそそる内容の名前がついているところがあります。でも実際に何をやっているのかを廊下から見ることはできません。もしかしたら、その教室でやっていることは、自分のやっていることと関係しているのかもしれませんし、おもしろそうな実習だったら、今度受講してみようということになるかもしれません。

人間間の壁とは、学生、教員、職員の間の壁です。大学の教員は、高校までの教員と違って、一人ひとり研究室を持っていて、普段はその中にいます。月に一回程度開催される教授会に出ない限り、ほかの教員と顔を合わせることはありません。同僚がどんな科目を担当しているかを知っていたとしても、お互い何を専門に研究しているかを話すことはめったにありません。また、学生にとって教員は、講義で顔を合わせる以外、いつ来ているのか、どこで何をしているのか、よくわかりません。これは職員の人たちにとっても同じです。

分野間の壁とは、個々の学問分野を系統的に整理して講義をすることによって関連分野を隔ててしまう壁のことです。ある分野を効率よく教えるために、その分野のみで完結して教えることが、他の分野とのつながりや、社会とのつながりを見えなくさせてしまうことがあります。個々の分野は必ず人間の活動が関連しているものです。そういったつながりを意識することで、新たなアイデアや、社会的な問題の解決策が生まれてくるかもしれません。

地域との壁とは、大学はある都道府県、市町村の中に置かれているにもかかわらず、大学の中で行われている研究や教育のことが、地域の人たちにあまり知られていない、という現実のことをいいます。最近では、受験生を獲得するために、オープンキャンパスと称して、高校生や保護者に開放することはあります。しかし裏をかえせば、一般の地域住民が大学祭や年に数回開催される市民講座以外には、あまり大学へ出入りすることがない証しともいえるでしょう。大学による地域貢献、研究成果の公開などを積極的にやっているところはごくわずかしかないでしょうし、ましてや共同で何かをするということを全学的に行う例はあまり見当たりません。こういった問題を解決するために、図1-9のような空間が設計されました。

公立はこだて未来大学での試み

大学教育が抱えている問題を解決する方法のひとつの例として、先にあげた公立はこだて未来大学（図1-10）における「仕切りをはずす」試みについて、具体的に見てみましょう。

大学の学習環境をデザインするときに必要なのは、ハードウェアとしての物理的環境と、それを運営するためのソフトウェアです。物理的環境の特徴は、教室や教員研究室が透明なガラス張りであることや、オープン・スペースを多用している点にあります（図1-11）。ガラス張りの教室、実験工房などは、廊下を通った人がちょっとのぞいておもしろそうだなと思ったら立ち止まって、見ることを可能にしています。そこで行われている内容や、教育の方法についても見ることができます。工房での作業風景は、自分が今まで興味のなかったもの、知らなかった世界を見せてくれるかもしれません。オープン・スペースも同

図 1-10　公立はこだて未来大学の校舎外観　2000 年 4 月に開学．学部は，システム情報科学部のみ．1 学年 240 名．校舎は開学当初 1 棟のみであったが，2005 年 4 月に研究棟が増築された．http://www.fun.ac.jp/（写真提供・鈴木理策）

図 1-11　ガラスの壁の教室と演習室　上：廊下との境の壁はすべて透明なガラスでできている．横を通りかかるとき，中の様子を見ることができる．下：電子工房で，ロボットの製作を行っている．（写真提供（2 点とも）・鈴木理策）

じです。そこで行われる授業や作業は、必然的に公開されます。昨年自分が行った活動を今年の学生はどうかな、と先輩が見ることがあるでしょう。来年の自分の姿をそこに見る後輩もいるでしょう。あの人は何を教えているのだと、見ようと意図しなくても、そこを通りかかれば自ずと、同僚の教職員の目に飛び込んできます。こうやって、日常の活動の中で、新しいものを見る、知る、考える、学ぶ機会を、この空間は提供しています。

しかしこれらの物理的環境をデザインしただけでは、不十分です。小学校でオープン・スクール様式の校舎が建築されたとき、そのようなスペースに慣れていない多くの教員たちは戸惑いました。境界のない空間は騒々しく、授業に集中できないため、次々とついたてを置き、見慣れた空間に戻していく事態が、多くのところで起きていきました。こういった新しい試みを行うときには、それが生まれてきた背景の説明とともに、その空間をどのように使うか、使えるかを見せることも必要です。またときには、強制的にそれを体験してもらうことも。つまりこのハードウェアがどのような考えの下にデザインされているかを「制度」としてうまく組み込んでいかないと、それはいつしか、今までと同じ活動に戻っていってしまう怖れがあります。そこで、いくつかの仕掛けをソフトウェアとして用

図 1-12　隣接する空間の関係 1　上左：廊下を通りかかると，コンピュータの演習室の様子が見える．廊下に作品（画用紙）を並べ，演習室の外の空間も利用し授業を展開している．上右：何をやっているのか，興味を持った警備員が演習室を見ている．下：通りがかって出会った教員と職員が立ち止まり，その授業について話をしている．

図 1-13　隣接する空間の関係 2　上左：すべての教員研究室の前に学生が自由に使えるスタジオがある．教員室との境は，ガラスの壁で，互いの活動がよく見える．扉はスタジオ側にあり，出入りの際には，学生と顔を合わせることになる．上右：学生が，奥に見える教員研究室から青色と黄色の工具箱を借りて，電子工作をしている．よく見ると奥の教員室にもこれらの工具箱が見える．学生は教員との関係でスタジオのこの場所を選んだという．下：教員研究室からスタジオを見たところ．（写真提供（下）・鈴木理策）

意しました。主に二つあります。

一つ目は、プロジェクト学習の採用です。プロジェクト学習は、小学校の総合的な学習の時間に似ています。現実社会との接点を深く意識したテーマを設定し、学生はグループで活動します。教員もそこにチームで参加します。一つのテーマに教員が二、三人で学生は一〇人から一五人。学生は、一人ひとり異なる立場をもって参加します。プロジェクトは最終的に学外の人たちに影響を与えうるような学習を設定します。ここでは、「設定された目標を達成するためにどのような知識を身につければよいのか」を考えるような状況が必然的に作り出されます。プロジェクト学習の中で学生は、結果的に、学生どうしの間で学び合い、通常の講義とは異なった多くのことを学ぶことになります。

実施プロジェクトの例を以下に見てみましょう。

(a) 非線形現象の可視化表現の開発

複雑系理論が専門の教員と、デザイン系の教員が、複雑系の視覚化というテーマで指導にあたりました。学生は、複雑系で扱われる代表的な現象を数値解析によりシミュレート

図 1-14　プロジェクト学習発表会風景 1　最終発表会は，12 月に開催される．市内外から関係者，協力者を招待して行われる．最近は，人材募集，情報交換の場として，企業もやってくる．学生や教職員だけでなく，見学者も評価に参加する．

し、CGを用いてわかりやすく魅力的に表現するプログラムを作成しました。

（b）生体信号を利用したゲームの開発

人間の皮膚の電気抵抗を利用して画面のキャラクタを操作するゲームの開発を行いました。センシングのためのハードウェアの設計制作から、ゲームのデザイン、プログラミング等、種々の技術を総合してゲームを制作し、大学祭では学外訪問者に公開しました。

（c）日本の製品を北米で売るためのインターネットストア

函館市内で製造販売されている製品を、函館市の姉妹都市であるカナダのハリファックス市でインターネット販売することを目的に、消費者、商品調査、ウェブ・サーバの構築、サイトの企画デザイン等を行いました。最終的に新商品の開発企画提案も行いました。

（d）大規模病院における、患者と病院とのコミュニケーションシステム

大規模病院におけるコミュニケーションは、多くの問題を抱えています。来院者への誘導サイン計画および来院者の行動調査を行いました。その結果をもとに、情報機器の利用による改善の可能性を検討、提案しました。

こういった学習を通して、学生は四年間でポートフォリオを制作していきます。ポートフォリオとは、学生の学習過程の記録です。入学時から卒業までに作成した課題の成果物やレポートなどを蓄積したもののことです。自分が学んでいるという事実をはっきり意識することが重要です。そのためには、学生一人ひとりが明確な自己の歴史を持ち、常に自分の存在を意識するようにします。自己の学習の過程をすべて記録したものを制作し、これらを卒業まで蓄積していきます。在学中、学生は常に自分のポートフォリオを振り返り、自分の活動の方向づけに役立てていくのです。

ソフトウェアとしての運営のもうひとつの大きな特徴は、大学内の教員の共同研究の推進です。一般に大学では、職格（教授、助教授、講師、助手）に応じて大学から支給される研究費は異なります。これを職格に関わらず一律に設定し、余剰分を学内の共同研究に充てるのです。プロジェクト学習で同じプロジェクトを担当した異分野の教員らが、この共同研究の制度を利用して、新しいテーマについて研究を始めることも実際に起こっています。

学習環境のデザインを通じてめざしたこと

これらのデザインを行ってきた第一の目的は、学生に新しい学習環境を提供することでした。しかし実はもうひとつ大きな目的があります。教員に対して、日常的なファカルティ・ディベロップメント（ＦＤ）環境を提供することです。ＦＤとは一般に、大学人の職能開発のことをいいます。ファカルティとは、英語で大学の教授陣のこと。ディベロップメントとは、職能開発のことを言います。最近ではいろいろなところで、大学の教員の教え方が問題になってきています。それを改善する方策としてＦＤという言葉をよく耳にするようになりました。ここでもう少しその意味をはっきりさせましょう。

ＦＤは、広義では、大学教授団の資質開発を意味しています。この中には、教育だけでなく、研究や大学運営についての資質開発も含まれます。これに対し、狭義では、大学教員研修のことを指します。一般にはあまり知られていないかもしれませんが、大学の教員は、教育について特に知識がなくても、教員免許がなくてもなることができます。もちろん、教職研修もありません。とてもかぼそい声で、よく読めないような板書をする人もいます。そこで、こういった人たちに遅まきながら研修を受けてもらい改善させようというのが狭義のＦＤです。

ここでのＦＤの定義として、これら広義・狭義とは異なるものを考えます。それは、「教員として、よりよくなることを支援するための共同体の構築とその維持」という考え方です。つまりそれは、いくら研修を義務的に受けさせたところで、ある分野の専門家であると自負する人たちが、そう簡単に変わるとは思えないからです。また人間とは、自分が納得して、自発的に変わろうとする、よりよくなろうとすることのほうが、意味があると考えるからです。

この考え方を実行する場として、この学習環境が必要でした。廊下を通りがかりに教室の中を見てみると、ある教室では〇名がびっしり入った従来型の講義が行われ、学生は真剣に話を聞いている。一方、ある教室では一〇名に満たない学生しかいない講義なのに、学生は教員の話を聞かずに内職をしている。またある教室では、学生が積極的に身体全体を駆使して、何かを表現しようとしている。こんな場面に出くわしたら、「何でこんなことが起こっているのだろう」「こんなやり方もあるのか」「こんなことを教えているのか」

「自分の授業と関係ありそうだ」など、いろいろ考えるきっかけになるはずです。

さらに専門分野の近い同僚と同じ講義を担当することによって、講義の内容について、やり方について相談する。異分野の同僚と同じプロジェクトを担当することによって、相談する。こういった経験や背景の異なる教員どうしが、話し合える機会を物理的な空間とともに運営方法として仕掛けていく。こういったことが、「教員として、よりよくなることを支援するための共同体の構築とその維持」につながっていきます。

学習環境デザインにおける空間の重要性

これまで、伝統的なハモニカ校舎の作られ方や、メディアラボや未来大学の例をもとに、空間に埋め込まれた意味を紹介してきました。ここではそれらを振り返って、学校という場における空間の意味を考えたいと思います。

学校における空間、校舎や教室をこうやって見てくると、実はそこに、子ども観、知識観、学習観が色濃く反映されているということがわかってきます。先ほどのハモニカ校舎のような伝統的な空間は、高い独立性と自己充足性を持っています。それを無批判に受け入れることは、実は、背後にある思想を無批判に受け入れることにつながっているのです。教育評論も行っている思想家イヴァン・イリイチやパウロ・フレイレは、これらの空間を、静的であり、受身であり、画一的であり、抑圧的であると表現しました。それに対して、イリイチが理想としたのは、コンヴィヴィアルな（convivial）という言葉で表現した状態です。コンヴィヴィアルとは、人々と道具と新しい共同性が結び合った社会の状態を表しています。「自立共生的」「共愉的」などと訳されています。官僚、商業主義的社会に対し、個人の違いを認めつつ、協調し、共に豊かに生きていくという意味では、インターネット社会に通じるものがあります。

従来の教室では、「学習」という人間の知的な営みを、個人の「知識獲得の行為」としてとらえ、それを効率よく行うために、黒板の前に教員が立ち、標準的な教科書を用いて、一斉授業を行ってきました。これに対し、新しい学習観では、何らかの社会的実践に役割を持って参加する過程を学習と考えます。初心者から熟達者まで様々なレベルや役割の人が活動する様子を見ながら参加することで、近い将来の自分の姿をそこにみつけ現在の自分の位置を意識化しそれが次の活動へつながっていくのです。すなわち大学では、ある領域の研究実践活動に周辺的に参加できる活動を、学習者に提供する必要があるのです。

情報化社会の到来により、「知識」は分散化し、社会のいたるところに埋め込まれています。知識は、百科事典や専門書、あるいは専門家一個人の中に納まっているものではなくなってきています。ある個人や書籍からパッケージ化されたものとして得るものではなく、もはや個人の頭の中だけに持っておくものでもありません。こうした社会の中では、多種多様な活動を通して、多くの技能を獲得する機会を自らのものにし、問題を発見し解決していく必要があります。このときに重要な役割を果たすのが、道具やメディアの構造、すなわち空間の構造です。この空間の構造がいきいきと活用されることは、ソフトウェアである教育方法や教育内容、運営方法を伴ってはじめて現実のものとなるのです。

建築家とのコラボレーション

公立はこだて未来大学のデザインの根底には、「人間とは常に学び続ける存在である」という考え方があります。学習するのは、子どもや学生だけでなく、また、学習する場は学校だけではないのです。人間は生涯を通して学び続けているのです。そのような人間が出会う、活動する場のひとつとして大学は存在します。そこでは、学生だけではなく、教員や職員も重要なメンバーです。その活動の中から、新しいコミュニケーションやアイデアが共有され、生み出されていきます。それをひとつの共同体としてみれば、大学自体が、学び続ける共同体として変化しているともいえます。

こういう授業のスタイルで、こういった活動をしたいのだ。だから、こういう空間にならざるを得なかった。こういうガラス張りの建物になった。こういう巨大な空間が必要だった。——未来大学を計画したメンバーにはやりたい活動があり、その上で建築家と一緒になって空間をデザインしてきました。

この校舎デザインについては、指名コンペティション（設計競技）を実施し、建築家である山本理顕《りけん》さん率いるチームに決まりました。こういった地方の大学の校舎の建築をコンペで募集するのは、他にはあまり例がないことかもしれません。そういったことを実施すること自体、計画策定委員会の大学設立に関わる姿勢の表れであったのでしょう。

山本さんのチームに決まったところで、まず依頼したのは、ユーザである策定委員会とともにデザインを検討していってほしいということでした。選んだ建築家にすべてまかせ、

図 1-15　空間案．上：スタジオ風景，下：プレゼンテーション・スペース（図版提供・山本理顕）

図 1-15　（つづき）実現された空間：スタジオ　スタジオと呼ばれる学生のためのオープン・スペース．すべての教員室の前に，12.6m の幅で広がっている．教員室との境は，ガラスでできた壁．教員室からは学生の様子が，学生からは教員の様子がお互いに見えるようになっている．

「近ごろの学生は大学にいつかない」とよく言われるが，この場所を作ってみると，それは今まで居場所がなかったからではないかと気づく．このような場所がない他大学の学生たちは，空き教室やカフェテリアに集まることが多い．それでは落ち着いて課題に取り組めない．「勉強するなら，図書館がある」という言葉には，勉強は１人で静かにやるものだ，という考え方が背後にある．共同で問題を解いていくことや，教え合うことなどを，この場所は可能にしている．ある学生の日記から――「バイトなどが終わったら，また学校に来て勉強します．（中略）「ねえ，ちょっと」と言えば，「うん？」って振り向ける余裕があります．だから，みんな気軽に時々話しつつ勉強しています」．

学生は全員ノート型パソコンを持っており，すべての机には電源や情報コンセントがある．

図 1-15 （つづき） 実現された空間：プレゼンテーション・スペース 実現された空間で，提案と一番大きく異なるのは，プレゼンテーション・スペースの形．実現されたのは階段教室ではなく，3 段程度の円形のプレゼンテーション・スペース．どちらが前で後ろかはない．お互いに顔が見えるのが円形の特徴．一方通行の知識伝達型ではないという，教育理念が強く反映された形になっている．（写真提供・鈴木理策）

設計してきたものをそのまま受け入れるのではなく、策定委員たちと一緒にこの建物を作ってほしいとお願いしたのです。教育理念、カリキュラムを検討していく策定委員会にも出てもらうようにしました。つまり策定委員たちがこの大学を創るということをどういった思いでやっているかを理解してもらわないと、建物はできないと考え、出席を依頼したのです。そういったことは、日本の建築業界ではとても珍しいことらしく、出来上がってからは、どのように議論をしながらデザインしていったのか、いくつかの建築雑誌でとりあげられました。

このコンペティションで山本チームが提案してきたスタジオという広い空間があります。これは設計事務所のスタジオに発想を得たとのことでした。スタジオ形式のフレシキブルな空間を中心に位置づけ、大学という学びの場に対する認識が、その提案には強く感じられます。実際にスタジオと呼ばれるオープン・スペースを策定委員たちは最初から大学の教育の中で利用していこうと考えました。図1-15のスケッチが、最初に提案された空間です。実際にそれが最終的にどのようになったかを比較してみましょう。

コラボレーションの結果、実現された空間で一番象徴的なのがプレゼンテーション・スペースです。コラボレーションにより、一斉講義型から円形に変わっています。最初の提案では、オープンなスペースでありつつも、形式は、従来の講義形式になっています。それを円形にすることで、誰もが参加者、発表者となるようなものに変わりました。そこには、参加型、協調型の学習理念が色濃く反映されています。

開学一年目の物理学入門

未来大学の例では、空間をデザインする際に、最初にこういった活動をしたい、という想定された活動がありました。その活動を行うための空間を用意しました。しかし実際に活動を始めてみると、空間から誘発される活動というものも出てきました。その活動が起こるきっかけは、はじめは小さなものでした。その空間について、意図がわからないメンバーもいました。五年経った今では、多くのメンバーがその場所の有効性について理解し、自ら利用しようとしています。その過程について、時間的流れに沿ってお話ししましょう。

ある非常勤講師がきっかけでした。「物理学入門」は、高校とのつながりを意識した科目について、高校の状況をよく理解した、地元の先生にお願いしようと、大学開学のため

図 1-16　科学デモンストレーション　物理学入門における科学デモンストレーションの実施風景．受講生だけではなく，通りかかった教職員も足を止める．上の階から手すり越しに眺める学生の姿も見える．

の計画策定委員会で決められました。その先生をどのように探すかについて、全国規模の理科教育に関するサークルを活用することにしました。このサークルは、地域ごとに支部を持つ、主に中学高校の現職の先生方の集まりです。この先生方の活動が一般の人と接点を持つのは、「青少年のための科学の祭典」という各地域で毎年行われている催し物です。理科の全分野を網羅するような、多彩な実験や工作教室が行われる体験型のイベントです。このサークルのメンバーであるならば、大学の物理学入門もおもしろいものになるに違いないと思いました。まさにその人がやってきたのです。

その先生は、「青少年のための科学の祭典」函館大会で中心的な役割を担っています。未来大学のオープン・スペースであるプレゼンテーション・ベイを見るなり、「この空間は私のために用意されたようなものです」と興奮気味に言いました。実際授業が始まってみると、講義の後には毎週、その講義に関係する科学デモンストレーションをプレゼンテーション・ベイでやってくれました。そのプログラムは教職員のメーリングリストで予告され、都合のつく教職員が集まってきます。（図1-16にあるように）観客は学生だけではないことがよくわかります。またその様子をそのまわりからだけではなく、二階や三階から手すり越しに見ている人もいます。こうやって、この場の使い方の例が示され、広まっていきました。実はこのとき一年生だった学生の何人かは、その後、「科学の祭典」函館大会で先生のお手伝いのようなことから始まり、最近では自分たちで実験を計画し、講師となっています。また各ブースをレポートし、ホームページも制作しています。

一年目後期の情報表現基礎

ほかにもこの場所をすぐに使い始めた教員たちがいました。それは芸術・デザイン系の人たちでした。この章の前のほうでもお話ししましたが、この空間は、美術系大学にとても似ています。大きな空間を使って演習を行うことや、自分の授業が他の人に見られることには慣れているのかもしれません。図1-17は、「情報表現基礎1」という授業の様子です。身近な対象から機能や構造を抜き出し、再構築し、表現するという課題を行う中で、この空間は利用されました。「フォーリー」という、人が一人入れるぐらいの空間をストローを使って制作します。一連の作業として、スケッチ、構造物制作、他者への取材、記事制作を行います。そこにある出来事が起こりました。担当教員がそのフォーリーについ

図 1-17　フォーリー　人が 1 人入れるぐらいの空間をストローを使って制作する課題．この不思議な形をした構造物に，通りがかりの人は足を止め，学生にその意味を尋ねることがよく起こる．

図 1-18　編集者が飛び入り参加　担当教員（中央左）が本を学生に見せて説明しているところにたまたま別の仕事で来ていた，その本の編集者（教員の右隣）が参加し，学生に説明を行っているところ.（写真提供・鈴木理策）

て、プレゼンテーション・ベイで、参考書を見せながら解説を行っていたとき、通りかかった人がそれを見て立ち止まりました。その人は、ある雑誌の依頼で大学の取材に来ていた編集者でしたが、彼はそこで紹介されたフォーリーの参考書を編集した人でもありました。そのことを察した人がさっそく教員に紹介し、飛び入りで講師となりました（図1-18）。プレゼンテーション・ベイは、こんなことも可能にする空間なのです。

またこの開放された空間は異なる学びの機会も提供します。不思議な形をしたストローの構造物が存在することで、通りかかる教職員は足を止め、そこにいる学生に課題の意味を尋ねるのです。それに答えていくことで、学生がその課題を深く理解していくことにもつながっていきました。

三年目のプロジェクト学習

プロジェクト学習がどんなものであるかの経験もない、その教育効果もよくわからない教職員がほとんどの中で、三年生全員、全教員必修のプロジェクト学習は始まりました。教員からテーマを募集し、一テーマにつき三人の教員、一五名の学生が標準的な形となりました。始まってから二、三カ月が経ち、ほかのプロジェクトの進行状況が気になってきました。いくつかのプロジェクトが自主的に中間発表会をプレゼンテーション・ベイで行いました。A0判にきれいにレイアウトされ、印刷されたポスターには、プロジェクトの目的や進行状況が書かれ、そのそばには、ミニチュアの模型や試作されたものが置かれていました。そこに学生たちが立ち、解説や質疑応答などを行いました。最初は、中間発表会の出展の呼びかけに及び腰だった学生や教員も、あれだったら自分も参加すればよかっ

図 1-19　プロジェクト学習発表会風景 2　3 年目に入ったプロジェクト学習の発表会の様子．ポスターを展示し，そのまわりに，試作品や，プロジェクタやスクリーンなどが並べられ，説明が行われる．学内外から，市民，企業関係者，教職員，学生が参加する．

たと、今度機会があれば、もっとかっこいいものを自分たちは出したい、という声が聞こえてきました。

そこで、二月には最終報告会として、全プロジェクトが出展する大きなイベントが実施されました。プロジェクトに協力した企業や地元の関係者、翌年に自分が行うことになる二年生などもやってきました。この機会を利用して、三年生や教員は他のプロジェクトを見に行き、評価フォームに記入することもしました。この光景は、どこかのイベント会場で行われる見本市や、学会のポスターセッションのようです。図1-14、図1-19はそのときの様子です。

その翌年からは、公式行事として、中間発表会と成果発表会が実施されることになりました。この発表会は、様々な学年の学生や教職員が進行状況を見る、質問する、コメントする、評価するなどの機会となっています。また学外の人が大学の活動を知る、活動にわる機会ともなっています。

グループ学習教室のデザインとその後

図 1-20A　グループ学習教室　使い勝手がよいと，教員や学生に評判のよい教室．壁に沿って，コンピュータが置かれ，真ん中の空間には，可動式の数人がけのテーブルと椅子がある．ホワイトボード，プロジェクタ，スクリーンなど，すべて可動式．可動式のテーブルには電源と情報コンセントが内蔵されている．

図 1-20B　新しいグループ学習教室　最初に作られたグループ学習教室と備品はほとんど同じ．異なるのは，グループ学習用のテーブル，ホワイトボード，プロジェクタ，スクリーンなどがすべて固定式であること．

開学して新たに起こった空間にまつわる話があります。本質を見抜くのは結構難しいという例です。

図1-20Aは開学時に二つ作った教室です。通常の授業でも利用します。グループ活動や、コンピュータを使った作業、プレゼンテーションなどの活動を行いやすくするための教室です。最初はこの教室が三つ作られるはずでした。しかしながら残念なことに、どんなふうに利用されるのかというイメージがなかなか理解されず、二部屋に減ってしまいました。もう一部屋は通常の教室になりました。ところが開学して半年、その使い勝手のよさが、いろいろな人たちに理解され始めました。次の年度からは利用希望が多くの教員から出てきて、対応しきれなくなりました。そこで、ひとつの教室を新たにグループ学習教室に変更することになりました。出来上がった新しいグループ学習教室は図1-20Bのとおりです。

できあがってみると、本家のグループ学習教室ほどの使い勝手のよさはありませんでした。そこに本質があったのです。それは「グループ作業ができるような机」というだけでなく机やいすが動いて、人数や活動に応じて変形できる、ということだったのです。プロジェクタもスクリーンも可動式で、ともに位置を変えれば、どこにでも映し出すことが可能です。これに対し、新しいグループ学習教室では、机とプロジェクタ、ホワイトボードも固定されています。何がその空間の使いやすさ、意味を決定しているのか、本質を見抜く上での落とし穴は、こんなところにも存在しているのです。

空間の利用の伝播

こういった一連の流れが、この空間をいかに利用していくか、どのように利用できるかを、大学のメンバーが学んでいく機会を与えました。この空間は、議論の末にデザインされたものですが、実際に活動していると予想外の問題や活用方法が出てきます。それらに柔軟に対応していくことによって、活動は固定化されず、常に進化していくことができるのです。開学した現在も、この空間は「完成されたもの」ではなく、そこで活動している学生や教職員によってコンヴィヴィアルな空間として作り上げられ続けています。

最初に見たメディアラボも、未来大学も、そこにいるメンバーにとってはとても居心地のよい空間のように見えます。あるときは、みんなから見える、みんながいる「ひろば」

に、あるときは自分の固有の「すみっこ」にいることができます。ひろばやガラス張りの空間では、互いの活動が見え、刺激を与えあうことになります。ちょっと先輩の姿が見えるという徒弟的な学びにも似ています。こういった環境の中で、コミュニケーションが活性化され、情報の流通が起こり、いろいろな形での学びが発生してくるのです。

第2章　活動

学習とは先生の話を覚えることですか?

「あなたは今までどこで学んできましたか?」と質問されたらどう答えるでしょうか。たぶん「学校で学びました」と答えるでしょう。さらに「誰から?」「どのように?」「何を?」と続けて聞かれれば、「先生から」「黒板（前）に向かって先生の話を聞いて」「教科書に書いてある内容を」となるでしょう。そして「それを学んだかどうかはどうやって確認しますか?」と聞かれれば、それが知識であっても、技能であっても、「テストで」と答えるに違いありません。

しかし私たちは、もっと多くのことを日常の中で、生活の場で学んでいるのです。さてそういった日常における学習について、上と同じ質問をしてみましょう。「どこで、誰から、どのように、何を学びましたか。そしてそれはどうやって確認しますか?」答えは次のようなものではないでしょうか。「家の中で、あるいは外で。親兄弟や友人から。見てまねる、試行錯誤してやってみる、説明を聞く。そのとき必要なことを、やりたいことを。その場でやってみる、同じような状況になったときにやってみる、他人に見せる、披露する」

ここで教える側がやっていることは、どんなことでしょう。それは、自分がやって見せたり、説明したり、ちょっとがんばればできそうな課題を与えたり、できそうなところまで手助けしたり。こういった日常での大人の役割に注目したのが、ロシアの心理学者ヴィゴツキーです。ヴィゴツキーは、「人は社会・文化の中で媒介物（媒介者）を通して知識を構成する。そこで重要なのは、仲間、教師、道具、社会的人工物（制度など）である」という社会的構成主義という考え方を打ち出しました。

学習のスタイル

ヴィゴツキーのこの理論が、教育の中で再注目されてきています。たとえば、学校教育の中では、基礎から積み上げていく講義型の授業から、思考や現実への応用を重視した授業へという動きです。また、学校外の教育では、博物館の教育施設での体験学習や、キャンプなどの野外活動です。さらに、ワークショップ形式の教育、参加体験、課題解決といったスタイルのものです。これらは、社会との関わりを意識した答えがひとつに限らない課題であったり、実際に手足を動かしたり、ものを作ったり、複数の人と協力したり、というような活動が含まれています。

こういった学習のスタイルが、これまで一般的だった学校の一斉講義スタイルとは違うモデルとして多く見られるようになってきました。これらのことに共通するキーワードとしては、活動、参加、ものづくり、関係性、文脈、状況、場、共同体、結果や成果ではなくプロセス（過程）といったところでしょうか。このあたりをもう少し深く考えていくために、ものづくりを通した学習に関する事例を紹介したいと思います。この事例は一九九八年度に筆者（美馬）が担当していた川村学園女子大学教育学部情報教育学科で行った実践をもとに刑部育子さんと共同で研究を行ったものです（刑部・美馬、一九九九）。

ものづくりを通した学び

「ものづくり」が学ぶことへの動機づけとなり、それが深い理解につながることを、私たちは経験的に知っています。でもなぜ、それが理解を促すことになるのでしょうか？そんな疑問を解くために、大学でものづくりを取り入れた授業を行い、二十数名の学生たちの変化の様子を詳細に観察しました。半年間、実践をビデオに録画し、学生たちに質問紙調査を行ったり、インタビューをしたりしました。

分析の対象となったのは、選択科目「心理情報学（1）」の三年生二五名、四年生一名です。この科目は、「人間の心理構造を探るために、心理学実験を行い、データを収集し、考察する。そのための実験装置の製作も行う」というものです。このものづくりを取り入れた授業で教師は、「講義形式の学習に対して、ものづくりを通した学習は、学習者自身を主体的な活動に従事させる状況を作り出す。電子キットの仕組みとその背後にある心理学の理論に関するレポートの課題を、組立の事前に提示することで、ものづくりの経験がレポート内容に関する学習の動機づけにもなり、より深い理解につながる。キットの組立は、情報機器の内部構造の学習にもなる」と考えました。
授業の流れは、以下のようでした。

[第一回]講義概要説明、レポート課題1出題
[第二回]はんだづけ練習、うそ発見器キット組立
[第三回]うそ発見器キット組立
[第四回]うそ発見器キット組立
[第五回]心理測定に関する講義
[時間外]GSR実験室での実習
[第六回]レポート課題2出題、電光掲示板キット組立
[第七回]電光掲示板キット組立
[第八回]電光掲示板キット組立
[時間外]秋葉原へ電子キット買い出し
[第九回]質問紙記入と新規購入キット組立

［第一〇回］新規購入キット組立

ものづくりを通した学習の分析から

この授業のビデオを詳細に見ていくと、学生たちの言葉や行動にいろいろな変化を見ることができます。このものづくりの実践の中で、女子学生たちは、これまでの生活の中ではほとんど関係のなかった、「電子工作少年文化」に触れることになります。言い換えれば、モノを媒介にした異なる文化的実践への接触です。

授業で取り入れられた最初のモノは、うそ発見器の電子キットです。はんだづけの経験のある学生は、この授業の履修者の中に一人もいませんでした。はんだづけを見たことがある学生も二六名中六名（二三パーセント）にすぎません。このように、今回の授業で登場したモノは学生にとって、異文化のモノであったといえます。こうしたモノが教室に入ることで、モノと学習者との間にどのような相互作用が生起するでしょうか。以下に示す事例は第二回目の授業におけるプロトコルです（プロトコル中のTは教師、その他のアルファベットは学生）。

事例1［第二回目授業］

T　そこ、本番いく？　まだ？

B1　まだまだ、練習ですよ。（1）

T　はい。

B1　靴脱いで、気合い入れよう。（1）

事例2［第二回目授業］

T　このグループこつがわかった人いる？　何となく語れる人。

T　他の人に教えるとしたら何といって教える？　語って。語って。

J1　いいです（拒否）。集中させて下さい。ちょっと笑わせないで。（1）（だれも、語ろうとしない）

J1　あ、わかりました。あの、何でもないです。私は、こっちを先につけた方がいいみたい。はんだをつけるとき。

Ｊ２　こっちがはんだでしょ。
Ｔ　そっちがはんだで、それがはんだごて。やっている作業は、はんだづけ。
Ｔ　さあ、Ｊ２ちゃん、困った。Ｊ２ちゃん、顔が暗いよ。
Ｊ２　ああ、どうしよう。いいい、（２）
Ｊ１　上からつけたら下に落ちる。
Ｔ　お！　Ｊ１ちゃんが語り始めた。もう一度、もう一回言って。Ｊ２ちゃんに語りかけるようにして。
Ｊ２　あ、はいんないよ。
Ｊ２　（はんだを流す）
Ｊ　おお！（みんな見ている）

事例３［第二回目授業］
Ａ１　先生？　こんな感じ？
Ｔ　あ！　上手上手！　あ！　美しい！　初めてとは思えません。

Ｔ　ご感想を？
Ａ１　緊張するよね。（３）
Ａ２　緊張したよね。（３）

事例１—３のことから何がわかるのでしょうか。第二回目授業における事例の傍点部のプロトコルが示すように、どのグループも緊張した雰囲気でした。新しい知識を一方的に受け入れる講義形式の授業とは対照的に、ここで行われている学習活動は、全く知らない文化を背負ったモノに学習者自身がアクセスしなければなりません。さらに、はんだづけは油断をするとやけどをする恐れもあり、集中を要する作業です。したがって、集中（傍点部（１）参照）、不安（傍点部（２）参照）、緊張（傍点部（３）参照）など情動的変化が学習活動の中に見られます。

学習の二つのタイプ

学習の仕方、すなわちモノを介した相互作用について第二回目の授業を録画したビデオ

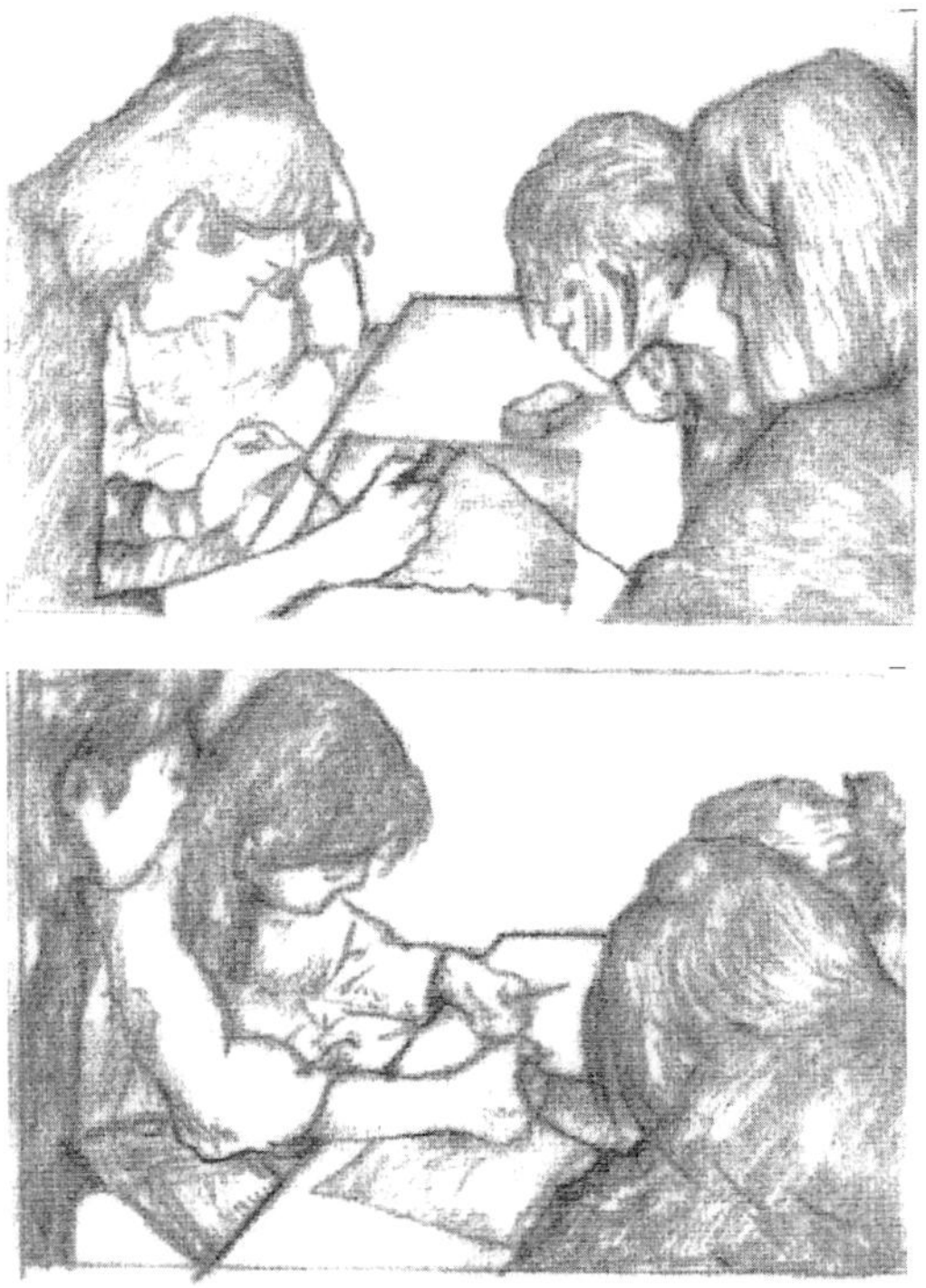

図 2-1　異なるタイプの学生　上：友人が道具を使うとき，自分のことのように身を乗り出してのぞきこむＢタイプの学生たち．友人が使いやすいように道具の配置も考慮する．下：友人の作業を遠くから眺めるだけで，コメントもせず，道具を動かしたりもしないＪタイプの学生たち．友人の作業に積極的には関与しようとしない．

を微視的に分析した結果、ある二つのグループ間で全く異なる相互作用が生起していることが明らかになりました。第一のタイプは他人が作業しているところを眺める程度にしか関わらない相互作用が生起しています（図2-1下図参照）。第二のタイプは他人が作業しているところに様々な介入がはいる相互作用の仕方です（図2-1上図参照）。

また、教師と学生の相互作用の仕方を見ても、第一のタイプと第二のタイプは異なります。下記に示す事例も、二つのグループの違いを明らかにしています。

事例4［第二回目授業］

T　いいからいいから、もう一回言って。べつにテレビで放映するわけじゃないから。

J3　（ビデオを避ける）

事例4は、先ほど事例2としてあげたグループと同一のグループです。ビデオ視線を意識し、人から見られることを拒否しています。彼女たちは自分から教師に質問することもありません。友人と隣どうし並んで座っているものの、作業をしている人以外は上のほうから友人の作業を眺めていることしかしていません。

一方、後述の事例5は先ほど事例1としてあげたグループと同一です。彼女たちは全くビデオの視線を意識せず、人に問いかけ相手を巻き込みながら問題を共有していきます。事例5のように自分から教師に問いかけることが多いのです。道具を友人が使うとき、自分のことにように身を乗り出してのぞきこむようにじっと見ます。また、相手がやりやすいように配慮します。道具を使い終わると、その道具を次に使う友人が持ちやすい位置に配置します。また、事例5に示すように、問題が生じると他者に問題を見せることで共有させ解決します。教師が来ても隠さずにモノを見せ、他者を巻き込んでいきます。一つひとつの作業を他者に確認してもらい、感情的に支え合いながら作業を進めていくのです。

事例5［第二回目授業］

B1　先生、B2のは？

B1　ほら？（見せる）

T　あ！　きれい。すごい！　みんな上手上手。

B1　やればできるんだよ。
T　できるできる。
T　みんな上手上手。
……中略……
B1　あ、(拍手) うまくない？　先生これは？
T　どれ。
B1　これこれこれ。
T　あ、いいんじゃない？
……中略……
B1　これは？　これは？（さらに、高い声で）
T　みんなで見てあげて。
B2　あ、でも。これ埋まってる？
B3　ちょっと、ちょっと。
B1　ちょっと足りない。

B1　これでやったらまだどばっと。
T　だから足さないで、それをもう一回溶かすのよ、今やっているところを。そうすると、すっと下に流れるから。
B3　足すんじゃなくて。
T　足さなくていいの。ある程度、したら。
B1　やあ、できたあ。
T　こつがわかってきた？
B1　何かわからないけど、何かできる気がしてきた。

このように、このクラスでのモノをめぐる相互作用や、作業の進め方を見ていくと、学習の仕方に二つのタイプがあることが上記の事例分析から明らかになります。エッカート（一九九〇）は知識の獲得の仕方の違いに注目し、大人から教わった知識の個人的習得を得意とする子どもたちを「生まじめタイプ」（Jocks 以下Ｊタイプ）と呼び、学校外で仲間と共有しながら知識を伝搬させるタイプを「非まじめタイプ」（Burnouts 以下Ｂタイプ）とカテゴリー化しました。そこでこの実践研究では、これにちなんで前者のように一緒にいても個別に問題を解決しようとするグループを「Jタイプ」、他者を巻き込んで問題を解決していくタイプを「Bタイプ」とカテゴリー化することにします。

以下、前期一〇回行われた授業の中で、これらのグループの参加の仕方の変容過程に注目します。

相互作用の仕方の変化

「Bタイプ」の学生は作業が始まった第二回目は教室の後ろの席にいたものの、次の第四回目には最前列の中央の席に座るようになっています（図2-2の［4］参照）。「Bタイプ」のような学生は、講義中心の授業形式においては、たいてい一番うしろに座っていることが多いのです（彼女たちはうそ発見器が仕上がり、第五回目の講義のみの授業日には欠席しています（図2-2の［5］参照））。ところがこの授業ではうしろの席が空いているにもかかわらず、一番前に座るようになり、最後の授業までそれは変わりませんでした。そして、第二回目の授業から見られるように、教師が来る度に質問しています。さらに、二つ目の電子キット（電光掲示板）を作成するにあたっては、遅れを取り戻そうと二度、居残りをしたことを教師に報告しています（第回目の授業）。彼女は二作目のキットをクラスの中で三番目に仕上げています。

また、第二作目の電光掲示板を一番初めに終えた「Jタイプ」の学生は、もう少しで完成しそうな学生のところへ行き、確認してあげたり、また最後の確認で他の学生が彼女の所へ来たりとしています（第回目の授業、図2-2［8］参照）。この段階では自分のグループの人以外の人たちとの交渉へと発展していて、クラス全体が学習活動をめぐり、動き始めています。クラスにおける人々の相互交渉が、それぞれの「私のモノ」づくりを支えているといえるでしょう。

知識の形成と思考の外化

知識はこうした社会的相互作用の中で、徐々に「語り（discourse）」として現れてきました。女子大生にとって、電子工作文化は異文化でした。このような異文化体験に伴うとまどいや驚きといった情動的変化が他者に「語る」行為を生み出しているのです。学生た

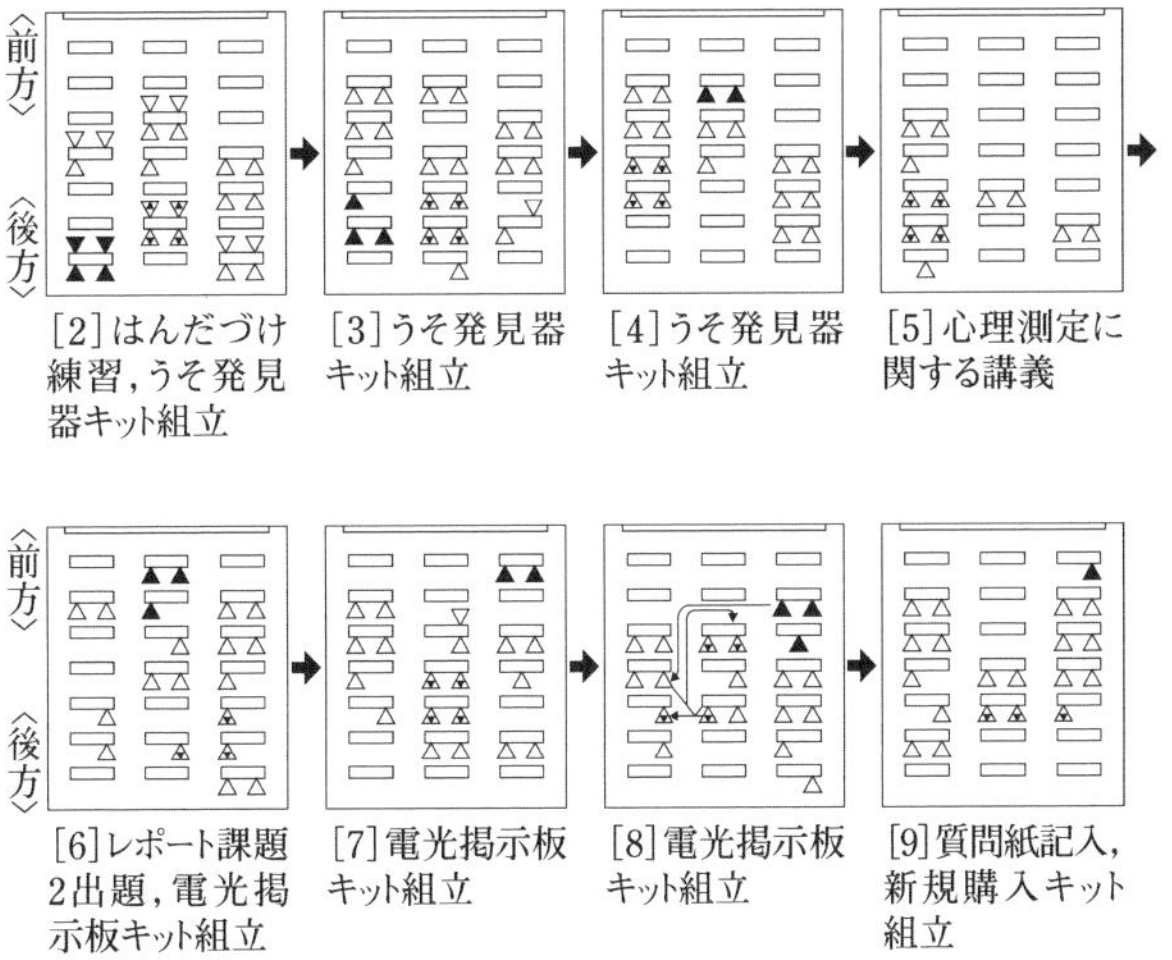

学生の着席位置の推移（[ ]内の数字は授業回数を示す.）
◬: Jタイプ，　▲: Bタイプ，　△: その他の学生

図 2-2　座席移動　Ｊタイプの学生は，生まじめで出席は完璧．１人で問題を解決しようとする．他人の領域は侵さない．Ｂタイプの学生は，遅刻や欠席もしばしば．みんなでごちゃごちゃ言い合いながら，いつのまにか問題を解決してしまう．座席はいつもうしろの方．学習スタイルの異なるＪタイプとＢタイプは初めのうち，交流は全くなかった．回を重ねるごとに席の移動が起こり，８回目にはタイプを越えた交流が起こった．

表 2-1　はんだづけについて話した相手（%）

家庭内		家庭外	
父	母	男性	女性
43	80	69	81

ちはこの授業の体験を家族や友人、アルバイト先の知人に語っています（表2-1参照）。

表2-1から、彼女たちは家庭において父親より母親にはんだづけの経験を多く語っていることがわかります。しかしながら、家庭の外では女性と同程度、男性にこの体験を語っています。彼女たちが女子大所属の学生であることを考えると、かなりの割合で男性の友人または知人にはんだづけの経験を語っていることがわかります。はんだづけの作業はどちらかといえば男性文化の実践であるといえます。彼女たちが「ちょっと自慢した」と言っているように、彼女たちの異文化体験が他者への語りかけを生み出し、それをその文化に通じる男性にも語るきっかけを与えているのです。

さらに、この授業では他者に「語る」と同時に、レポートを作ることを通じて、知識を確認する作業を行っていたといえます。活動が進めば進むほど「しくみを知りたくなり、調べたく」なり、必然的に科学的な専門知識が必要になってきたのです。さらに、犯罪捜査で使用される程度のうそ発見器（GSR）を見せてもらい、実験し、「うそ発見器がうそそのものを発見する機械なのではなく、人間の情動による生理的変化に反応する機械である」ことを身をもって知るのです。

大学から秋葉原へ

二つのキットの製作を終えたとき、はんだづけの失敗などにより足りないパーツ（部品）が出てきました。どんなところでどのように手に入れることができるのか。このとき、教師は一緒に秋葉原に買い出しに行くことを提案しました。強制ではありませんでしたが、当日二五名（欠席一名のみ）が出席し、教師を先頭に女子大生が列をなして買い出しに行くこととなりました。

秋葉原の電気街にはこのような「パーツ」ばかりを売っている店が大きな店の裏通りにいくつもあります。質問紙調査における学生たちの印象によれば、来ている人は「オタクっぽく、男の人が多く」、「中国とかアジアに来たみたいな感じ」であり、「不思議な場所」です。この「異様」な雰囲気の場所には「一人では怖くて行けない」と感じています。つまり、秋葉原の電気街、特に裏の細い道には「電子工作少年文化」の独特の雰囲気が作り出されているのです。

秋葉原で購入したキットは第九回目の授業で組み立てることになりました。すでに部品の名前とキットを家で対照させてきた学生もいました。しかし、今回買ってきたキットは初心者用のわかりやすい説明書もなく、教師から準備された入門用キットとはかなり異なっていました。そのため、説明を受けたり、不足部品を買い足したりするため、彼女たちの中には放課後自分たちで秋葉原に行くことに決めた者もいました。そして、次の授業までに自分で作り上げてきた学生もいました。学校での活動から、秋葉原の世界に足を踏み出し、自分で交渉し、必要なものを手に入れることとなっていったのです。

全体の流れをもう一度

今回ここで起こったことをもう一度簡単にまとめてみましょう。

この授業の最初のトピックは、「人の心理の測定：うそ発見器」。通常は人間の心理の測定について講義を聴き、心理学用の高額な測定器を用いて実験してレポートを書くという、一般的な講義スタイルです。しかし、講義はそこそこにして、代わりに「うそ発見器」の電子工作キットを組み立てて実験してみることにしました。

まずははんだづけから。最初のうちは、洋服や髪の毛を焦がしたり、はんだが間違った場所にくっついてしまったり。何とか完成させたキットを使っての実験は、精度としてかなり問題があったものの、仕組みを理解するには十分なものでした。それまでのレポートの内容といえば、どこかの専門書からの抜書きでしたが、この時ばかりは、理解した内容を自分の言葉で書いてあるものがほとんど。なぜこんなことが起こるのでしょう。それは、教室での学生の様子や声からわかってきます。

「わからないところがあったら聞いてくださいね」と教師が言っても、まずは自分で何とかしようとしています。また、説明書どおりにやっていても、何かしらうまくいかない場面に遭遇します。そんな時は、まわりを見渡してちょっと先を行っている友だちに聞く。自分でうまい方法を考えた学生は、他の学生に自ら教えるという光景も。明確なゴールがあり、その問題解決の過程がお互いに見えることが大切なようです。

普段は、教室から一歩出れば、すっかり別世界。講義の内容が話題になるなんて、めったにありません。それが「はんだづけできるってバイト先で自慢しちゃった」「お父さんに話した」と教師に報告しています。学校外で自分のやっていることを他人に積極的に説明しています。相手からは「なぜ、そんなことをしてるの？」と聞かれ、何をやっているのか、何のためにやっているのかを答える。質問され説明する機会が与えられることが、より深い理解につながるようです。

つまりここで起こったことは、学習者がものづくりを通し、他者とのコミュニケーションを広げ、その一方で概念的知識を深めていく過程が表れています。つまり、自分で何かをつくる。それは学校という場だけではなく、学校外にも、日常社会とも関わるものであるということ。それが社会との接点、学校外との人との接点になるのです。また、ものづくりの過程では、マニュアルどおりにやってもうまくいかない、あるいは自分なりの工夫ができる余地があり、ちょっと頑張れば乗り越えられそうな課題が、次々と出てきます。それを解決していくのは、自分だけでなく、まわりをちょっと見渡せば、そこには仲間がいます。他の人と比較ができ、共通の話題ができるのです。このように、問題や関心を共有し解決していく楽しさがあり、それがコミュニティ（仲間）の形成へとつながっていくのです。

ワークショップ

このようなものづくりを中心とした学習形態に「ワークショップ」とよばれているものがあります。中野（二〇〇一）によれば、ワークショップは、「講義など一方的な知識伝達のスタイルではなく、参加者が自ら参加・体験して共同で何かを学びあったり創り出したりする学びと創造のスタイル」とされています。

ワークショップには教師と呼ばれる人たちはいません。その代わりにファシリテータと呼ばれる支援者が活動をコーディネートし、グループによる対話を通じて学びを深めていきます。

ワークショップの多くは、学校ではなく、社会教育施設や自然体験など学校の外で行われています。土曜日や日曜日、夏休みなどを使って、一日から一週間程度を集中して行うものが多いのも特徴です。

ここでは、ワークショップの活動を作るための原理・原則を、雑誌の記事づくりを通してメディアの構成について学ぶためのワークショップ「友だちの絵本」を事例にして考えてみたいと思います。

「友だちの絵本」は、グループのメンバーに取材を行って人物紹介の記事を作る中で、送り手・受け手・取材される立場というメディアをめぐって関係する三つの立場を経験し、それぞれの立場において「意図」がどのように現れるかを学ぶためのワークショップです。

あなたは、自分が好きなアーティストやスポーツ選手について、ある雑誌には賞賛する記事が載っているのに、別の雑誌では酷評されているという経験を持っていませんか。このような場合、私たちはどちらの情報を信じればいいのでしょうか。

この問題に関係しているのが、メディアにおける「意図」の問題です。メディアには必ず情報の送り手が存在し、送り手は、何らかの意図のもとに情報を組み立てています。このことは、当たり前のように見えて、なかなか普段意識することができません。このような意図の問題は、送り手と受け手の間だけではなく、記事の作成者と取材対象者の間にも存在しています。取材されている側が「こう書いてほしい」と思っていることと、記事の作成者が「こう書きたい」と思っていることの間には「ずれ」があり、その間にはメディアを通したコミュニケーションには避けて通れない本質的な問題が存在しているのです。「友だちの絵本」は、実際に取材・記事作成・発表・討論という過程を体験することを通して、この意図の問題を多面的に理解することを目的にしたワークショップです。

それでは、「友だちの絵本」の活動の概要を説明しましょう。

まず、市販の雑誌に載っている人物紹介記事をいくつか用意します。著名なスポーツ選手やアーティスト、ミュージシャンなど、学習者の話題にのぼりやすい人物がいいでしょう。その上で、記事から受ける対象人物の印象を、記事によって共通している点と異なっている点に気をつけながら、話し合っていきます。

次に、参加者を二人から四人のグループに分けます。メンバーはお互いを取材し合って、人物紹介の記事としてまとめていきます。記事を作る時には、対象となる同級生を魅力的に紹介するように心がけましょう。

『AERA』風のサンプル記事を作ってみました（図2-3）。これは、根津弥生さん（仮名）が本郷太郎さん（仮名）にインタビューして作ったという設定になっています。

根津さんはこの中で彼の「今」を表す三つのキーワードとして、「アムステルダム帰り」「話し好き」「メディア・エコロジー」を選びました。作者は、このキーワードをもとにしてどんな内容の記事にしていくかを考えていきます。

対談の雑誌記事は、普通、見出し・リード・本文・写真またはイラストの四つの部分から構成されています。作成者は、読み手を想定し、どんなことを（インタビューから得た本郷さんの印象）、どう書くか（具体的にどのような見出し・リード・本文を執筆するか）を考えながら、記事を作らなければなりません。根津さんはここで、よく話す本郷さんの特徴から、「世界をしゃべり倒す男」という見出しを思いつきました。

見出しが決まるとリード（見出しと本文の間を橋渡しをする導入部分）と本文を作っていきます。写真は使いきりカメラなどでスナップ写真を撮ってもよいし、取材対象者の子どもの頃の写真でもいいでしょう。

作成した記事の部品は、ワードのような簡単な割付機能をもったアプリケーションを使って紙媒体に仕上げていきます。

作品が完成すると、それぞれの作品を発表して、論評し合う場を設定します。この時に

世界を
しゃべり倒す男

本郷太郎

アムステルダム、ニューヨーク、ヘルシンキ、麻布十番——来たるべきメディア・エコロジーの姿を求めて、世界を駆けめぐる。

図 2-3 「友だちの絵本」のサンプル記事 「絵本」と言っても，かなり本格的な雑誌記事．大学生ぐらいになると読み手をうならせるような作品も数多く生みだされる．

受け手側からのコメントをもらって、それまでの作り手の立場だけではなく、それが受け手にどのように受け取られるのかについて気づき、受け取られた「意味」と自分の「意図」との距離を知ることになります。また取材された側も、自分自身に関するイメージがどのように構成され、それがどう受け手に伝わっていくかを身をもって実感することができるのです。

ワークショップの結果

このプランは、二〇〇〇年度に筆者（山内）が担当していた茨城大学人文学部コミュニケーション学科情報編集論で二年生一九名に対して実践を行っています。

今の大学生は記憶する訓練は受けてきていますが、人から話を聞いて構成する経験をほとんど持っていません。そこで、筆者が雑誌の仮想編集長になって、「だめ出し」をしました。記者としてどういう記事を構成したいのかを聞き出して、実際の記事との間の整合性を確認するという役割を演じたのです。ワークショップ案を作成した大学院生にもゲストとして来てもらい、学生を指導してもらいました。

その結果、授業で作ったとは思えないぐらいおもしろい作品ができあがりました。それぞれの学生の個性が見事に描かれており、思わず笑いながら引き込まれるような作品になったのです。その背景には、記事構成の視点がはっきりしていて、意図がはっきり見えるものだったことがあげられるでしょう。

完成した作品は学生どうしで相互評価を行い、制作プロセスの評価と総合して評点をつけていきます。作品がおもしろかっただけではなく、相互評価活動の中でも、制作の過程で記事というものが送り手の「意図を持った構成」なくしては成立しえないことを理解してもらえたと思います。

授業終了後私のところに来て、「先生、雑誌の記事というのは構成されているものだということが本当によくわかりました」と言ってくれた学生もいました。

つくって・語って・振り返る

「友だちの絵本」のような制作活動を中心とした教育系のワークショップには、ある共通した構造があります。それは、つくって・語って・振り返るという三段階の活動デザインです。

つくる

手や身体を動かしながら作品を制作することによって、抽象的な思考にとどまらない身体性を伴った深い気づきが起こることがあります。また、作品の形で可視化することによって、後で、語ったり振り返ったりするための素材ができることになります。

語る

作った作品を発表することによって、自分が作品に込めた意図を言葉の形でつむぎだすことになります。通常、ものを作っている間は、全精力を傾けて作業をしているので、自分が作ったものについて言語化する余裕はありません。語ることによって初めて、作られた作品に対して、積極的な意味づけを行い、学習を生み出す問題意識がそこからわき出てくるのです。

振り返る

語りを共同体で共有し、多様な立場の参加者から質問を受けたりディスカッションをすることによって、作品の後ろ側にある自分の考え方を相対化し、変化させていく圧力が生じます。このような圧力から反省的思考"Reflective Thinking"が生じ、それによって、表面的な知識獲得にとどまらない、深層の認識や態度の変化につなげていくことができるようになります。

学習のとらえ方と活動の意味

これまで「ものづくりを通じた学習」や「ワークショップ」は主に、芸術を背景としたデザインの領域で行われてきました。そこでは、学習者が書物に書かれたものからだけではなく、活動から学ぶことや、その活動がさらなる動機づけとなり、学習者の深い理解へと結びつくことが報告されています（須永、一九九九）。しかしながら、その学習活動の過程や内容について明らかにされてはおらず、この様な学習活動は、美術教育以外における通常の教科の学習活動でも意味があると予想されるものの、それがどのような効果をもたらすものであるかも不明でした。

以上のような学習活動が説明できなかった理由は、背景となる学習論の枠組みと関係があります。これまで認知心理学では、人間の知的な営みについて、特に学習について、「知識獲得の行為」としてとらえてきました。「知識獲得」という言葉では、人間の心を容器と見立て、そこに材料である「知識」を注ぎ込むことが学習とされます。そしてこの「知識獲得」の概念は、あくまでも注がれる容器は「個人」のものであり、その行為自体も個人的なもの、したがって学習という営みは個人的なものとなります。

これに対し、近年の研究成果から、人間の学習を「知識の獲得」という個人的な営みではなく、対話やコミュニケーションから生まれるものであり、その時の状況や文脈とは切り離せないものであることが明らかになってきています（レイヴ・ウェンガー、一九九一）。この学習論は一般に、状況的学習論と呼ばれています。そこでの学習とは、ある共同体の一員になる過程であり、その共同体における言葉を使い、その共同体における特定の基準によって行動することができるようになることであるとします。つまり、学習を個人の中で起こるものとはせず、共同体との社会的な関わりやその共同体の中に存在する様々なもの（人工物）との相互作用の中で生じる過程だとするのです。

スファード（一九九八）は従来の学習論の枠組みと状況的学習論の枠組みを、獲得メタファ（Acquisition Metaphor：AM）と参加メタファ（participation Metaphor：PM）として対比させています（表2-2）。

学習の目標は、獲得メタファでは、個人の持つ「知識」を豊かにすることであり、参加メタファでは、そこに学び合う共同体が構築されることだとします。学習については、獲得メタファでは、あることを獲得することであり、参加メタファではその共同体の参加者となることです。獲得メタファでの生徒は、知識を与えられる受領者であり、教師はその

表 2-2　学習メタファの対比

獲得メタファ		参加メタファ
個人の知識の豊かさ	学習の目標	共同体の構築
あることを獲得すること	学習	共同体の参加者となること
知識を与えられる受領者	生徒	共同体の周辺的参加者
知識の提供者	教師	熟達した参加者（先輩）
所有物	知識，概念	共同体における実践，語り，活動
所有しようとすること	知ること	共同体に属し，参加し，コミュニケートすること

注：この表はスファード（1998）をもとに筆者が作成したものである．

提供者となります。それが参加メタファでは、生徒は知識を再構築していく者であり、その共同体の周辺的参加者でもあります。そこでの教師は、生徒のそれらの行為を促す促進者であり、熟練の参加者（先輩）であり、その実践を見守っていく者でもあります。獲得メタファにおける知識や概念とは、所持するものであり、参加メタファにおいては、個人的・社会的にある共同体における実践や語りや活動を意味します。知っているということは、獲得メタファにおいては、所有していることとなりますが、参加メタファにおいては、ある共同体に所属することであり、参加することとなります。ものをつくるということを中心とした活動は、このような共同体の中に埋め込まれているものなのです。

近代の教育を支えてきたもの

近代の教育を支えてきた論理は、教育内容から構成されたカリキュラムでした。たとえば、科学を教えるためには、まず学ぶべき領域を先に規定し、その領域で重要な概念を簡単なものから、難しいものに並べていき、どれぐらいの時間をかけて学習をするのかを決めていきます。これが各領域で行われ、私たちの学習を全面的にコントロールしてきたのです。

しかし、このやり方は、学習者に学習の意味を提示することが難しいという欠点があります。「どうして今、これを勉強しなければいけないの?」という質問は、すべての人が一度は持つ疑問でありながら、納得する答えがほとんどできない難しい質問です。親や教師は、「これを勉強しておくと、大人になった時に役に立つ」と言って、一種の約束手形を切ることによってこの質問に答えることが多いのですが、実際にはすべての学習内容が大人になってから役に立っているのかどうか、怪しいところもあります（私たちは今まで習ったことのどれぐらいを覚えているでしょうか）。

この質問が難問である理由はある意味単純明快で、そもそも教育活動を設計する際に、学習者にとっての意味が考えられてこなかったからです。ですから、正しい答え方は、「それは、あなたが見つけることなのよ」ということになります。

ただ、これでは学習者に対してあまりに冷たいような気がします。それでは、活動という概念は、この学習の意味に対してどのような答えを投げかけてくれるのでしょうか。それは大きくわけて三つあります。

・発見や創造的活動に埋め込まれている意味

ものを作ったり、何か新しいことを発見することは、それ自体がおもしろさを持っています。研究者や芸術家などは、このおもしろさにとりつかれて仕事をしているといってもよいでしょう。ですから、このような教育内容が持つ内在的な魅力を、単純な記憶活動に還元するのではなく、活動の形で表すことによって、学習者は、それを学ぶ意味を見つけやすくなります。

・葛藤の中に埋め込まれている意味

何もかもがスムーズにいく活動はおもしろくありませんし、学ぶことも多くありません。学びが起きるためには、何かうまくいかないことを乗り越えるという「葛藤」の経験が必要になります。このような葛藤状況は、その中にいる時は苦しいのですが、後から振り返った時に学習者に学ぶことの意味を提供することができます。学ぶことが、何かの問題を乗り越えることで新しい段階に進むことに重要な意味を持っていることを理解することができるのです。

・共同体に埋め込まれている意味

内容的に必ずしもおもしろいことでなくても、共同体の活動にとって必要なことであれば、それを学習することに意味が発生します。詳しくは次章で述べますが、人間は、自分が何かを行うことによって共同体の中で認められ、その共同体に深く参加していくことができるのであれば、その過程で学ぶ意味を見つけやすくなります。

活動は、学ぶ内容と学ぶ意味を対にして提供しているのです。よって、学習者が学ぶ意味を想像もつかない遠い未来に求める必要がありません。

活動は、知識や思考という栄養素が含まれていると同時に、それを学習者が取り入れることができるための「文脈」という水分もある豊かな土壌だと考えることができるかもしれません。このような豊かな土壌では、様々な形の学びが芽吹くことでしょう。それに比べると、記憶や訓練に頼る学習は、栄養素を詰め込んだサプリメント（補助食品）のようなものです。サプリメントが必要な時もありますが、サプリメントだけで豊かな実りを期待するのは難しいでしょう。私たちは、学びという活動そのものの豊かさを問い直す時期にきているのではないでしょうか。

第3章　共同体

学習は一人でするものですか?

あなたは、「学習は一人でするものだ」という思いこみを持っていませんか? みんなで一緒に学ぶというのは意志が弱い人がするもので、学習は一人で本を読んだり、問題集を解いたりすることだというのが現代人の一般的なとらえ方でしょう。

しかし、一人で勉強していたとしても、その後ろ側には様々な人が関わっています。たとえば、科学者になりたくて科学の勉強をしている高校生がいるとしましょう。彼女が日常している学習は、学校で一人黙って授業を受け、家に帰って問題集を解いたり、ブルーバックスなどの科学普及書を読んだりすることかもしれません。彼女が大学に合格してめでたく科学者への道を歩き始めたとしても、それは彼女が一人でがんばった結果としてとらえられるのが普通です。

しかし、見かけ上一人で勉強していたとしても、科学者が書いた本を読むことによって科学の活動にあこがれを持ち、その活動に参加するために、教師について徒弟的に学び、技を磨くために問題を解いていたと考えることもできないでしょうか。

もちろんこの過程は、大学のような科学者共同体のあり方とは大きく異なっていますし、知識を覚えることに偏るなどの問題をかかえてもいます。しかし、物理的には一人で勉強しているように見えても、その後ろ側に、彼女が想像し、参入したいと思っている科学者の共同体が存在していると考えた方が、学習をより適切に記述することができるのではないでしょうか。

このように、直接知らない人々が、想像活動によって作りあげる共同体を、「想像の共同体」と呼ぶこともあります。メディアが発達した現代社会では、様々な形で想像の共同体が機能するようになっています。現代社会の学びは、共同体がメディアの中に埋め込まれていて、見えにくくなっているのです。

共同体という概念は、もともと同じ地域に居住するということによって生まれた地縁を指す言葉として発生したものです。しかし、近代化が進むにつれ、地域性から経済的なつながりが重視されるようになってきました。さらに最近では、脱産業社会が訪れるとともに、興味・関心が同じ人々が集まる「関心共同体（Community of Interest）」が急速に増えてきています。

この章では、学習にとって必要不可欠な「共同体」とその中での学びのあり方について考えていきたいと考えています。

認知的徒弟制

共同体と学習の関係について、初めてアカデミックな光をあてたのが、認知的徒弟制（Cognitive Apprenticeship）という概念です。ブラウンとコリンズらが提唱したこの概念は、古くから共同体の中で職能を学ぶプロセスである徒弟制に着目し、それを認知的な領域に応用することを考えたものです（図3-1）。

シェフ（調理師）を例にとって考えてみましょう。調理師が修業をする際には、いきな

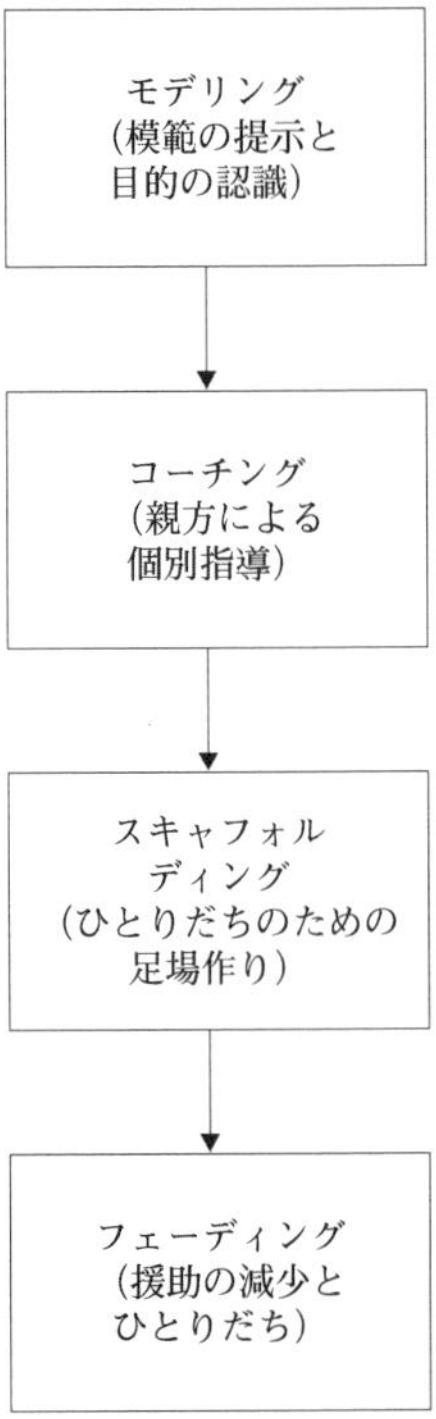

図3-1　認知的徒弟制の4段階

り包丁を持たせてもらえるわけではなく、掃除や皿洗いなどの仕事をしながら、先輩職人の仕事のやり方や包丁の使い方を観察する段階があります。この段階は、学習者にモデルを提示することからモデリングと呼ばれています。

一定の段階に到達すると、先輩調理師が適切な課題を選んで、手取り足取り教えるようになります。このステージでは学習者が失敗を繰り返しながら上達していくプロセスをコーチが見守るという段階なので、コーチングという名前がついています。

ひととおりのことができるようになったら、弟子がひとりだちをするために手助けを行います。これは、スキャフォルディング（足場かけ）と呼ばれ、自分で自分がやっていることを反省的にとらえたり、自分で自分の技術をあげていくことができるような工夫をします。

足場かけをしたら、必要なこと以外は口を出さないようにして、先輩や師匠は弟子がひとりだちできるように引いていきます。このプロセスは、消えていくという意味のフェーディングという名前がついています。

このような徒弟制のモデルは、教育内容が教科書という形で流通する前には、教育の中心的な方法でした。現在でも内容の定式化・言語化が難しい芸術や調理、研究者養成などの領域では普通に行われています。

私たちが当たり前だと思っている一人で教科書を記憶するという学び方は、人間の長い歴史の中では、近代社会の成立と同時に発生したものであり、もともと学習は社会で行われるコミュニケーションの中に埋め込まれていたのです。

正統的周辺参加論

このような徒弟的な学びを、共同体への参加のプロセスとして理論化したのが、レイヴとウェンガーらの研究です。

レイヴらは、アフリカのヴァイ族の仕立て屋の徒弟制などを研究する中から、徒弟制が共同体への参加と分離不可分のものであることを明らかにし、その過程を正統的周辺参加という概念にまとめました。

たとえば、あなたが落語の師匠に弟子入りしたとしましょう。そこで行われる徒弟制は、最初から落語の練習をさせてもらえるというわけではなく、雑用から始まるのが普通です。たとえば、廊下のぞうきんがけを行ったり、師匠の身のまわりのものを整えたりすることが最初の仕事になります。

一見するとぞうきんがけは落語と何の関係もないように見えますが、実はぞうきんがけをすることによって、部屋で行われている兄弟子たちの活動をのぞき見ることができます。また掃除は、共同体を維持するために必ず行わなければいけない活動のため、弟子は共同体の一員として一定の役割を担うことにもなるのです。彼らは、この状況のように、共同体の重要な役割を担っていることを「正統性」と呼び、共同体の一部の役割を担っていることを「周辺性」と呼んでいます。この観点からすると、徒弟制は正統的周辺参加の過程であり、レイヴらの議論は徒弟制という学習の制度論を学習の共同体論に昇華させることになったのです。

コミュニティ・オブ・プラクティス

レイヴの共同研究者であったウェンガーは、このような徒弟制の中の正統的周辺参加のプロセスを一般化し、現代の関心共同体にも適用可能な概念として実践共同体（コミュニティ・オブ・プラクティス）という共同体論を作りだしました。

実践共同体は、ある共同の事業を行うために集まった人々の集まりであり、三つの活動から成り立っています（図3-2）。

（1）相互の従事（Mutual Engagement）

相互の従事は、共同体を成立させるための活動であり、目標達成のための活動・共同体維持のための活動が含まれています。

（2）共同の事業（Joint Enterprise）

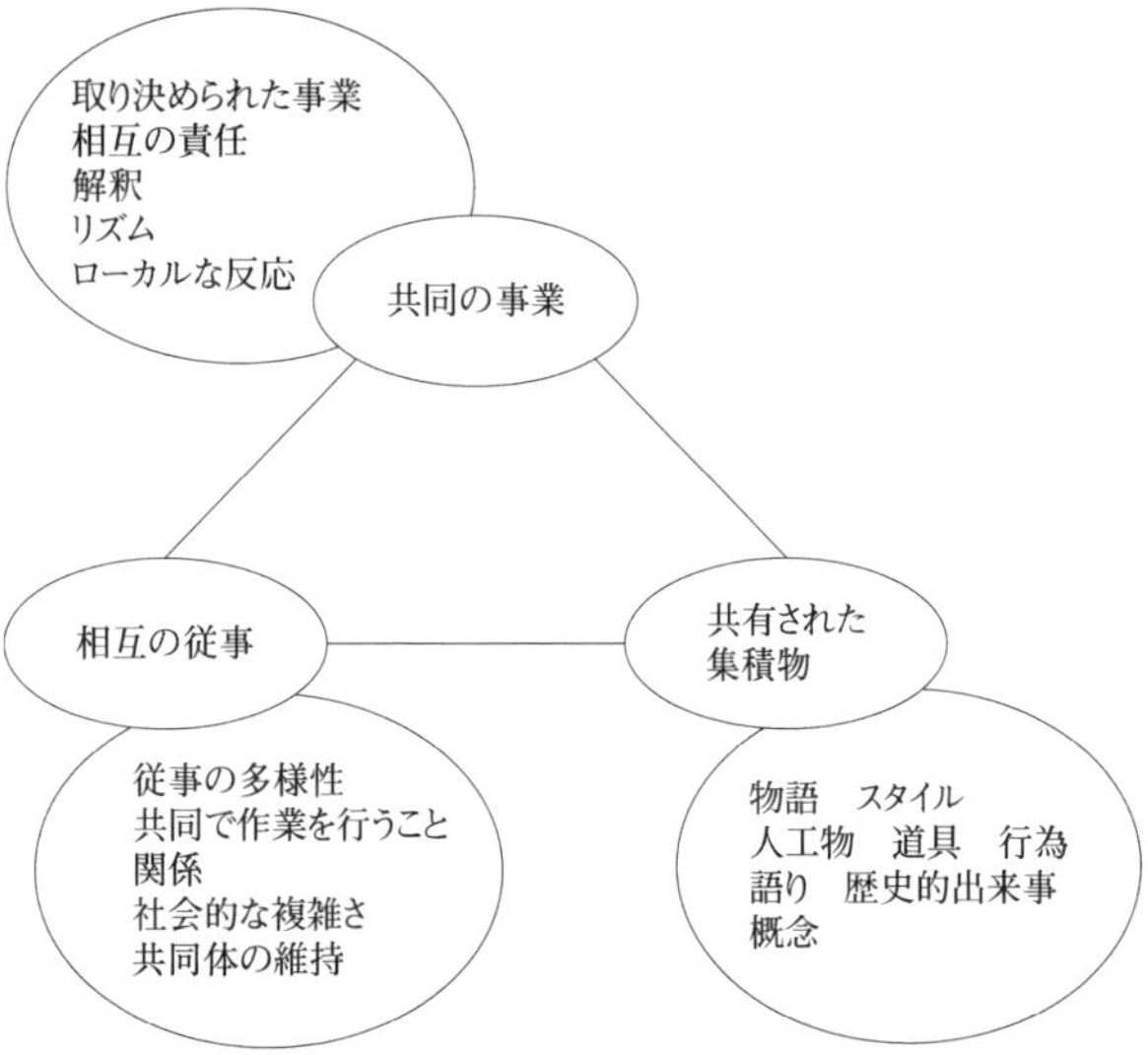

図 3-2　共同体における実践の次元（ウェンガー，1998）

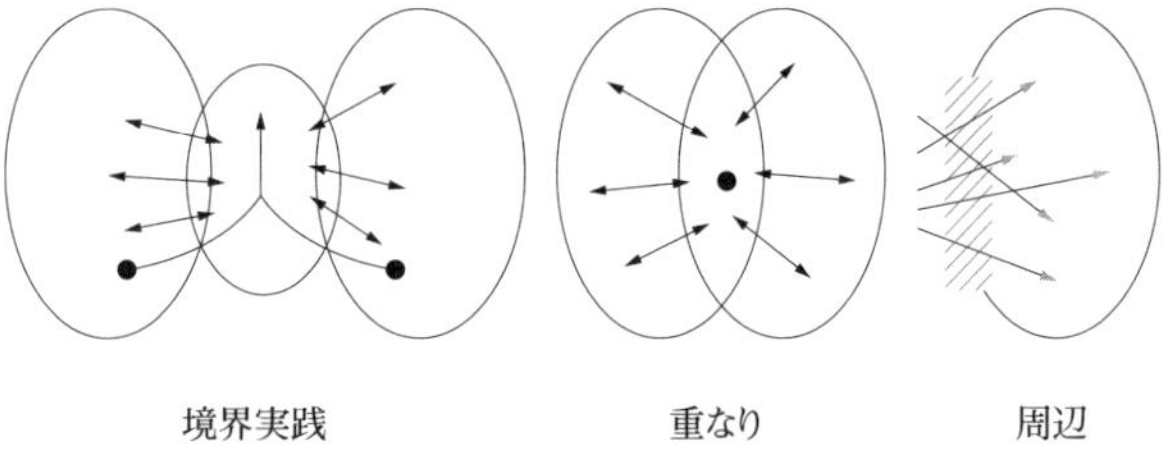

図 3-3　共同体への参入形態（ウェンガー，1998）

共同の事業は、共同体の相互従事や交渉の中から生まれて、メンバーが力をあわせて実現する目標になるものです。

(3) 共有された集積物 (Shared Repertoire)

共有された集積物は、相互の従事・共同の事業の中で用いられ、共同体によって歴史的に生成された人工物や語りなどのことを指しています。

ウェンガーはまた、実践共同体が複数存在する場合の、共同体への参入形態を三つに分類しています(図3-3)。

境界実践は、二つの共同体からメンバーが出てきて、新しくその境界領域に実践共同体が作られる様子を表しています。異なった背景を持つ集団から構成メンバーが出てくるタスクフォースのようなものをイメージするとわかりやすいでしょう。重なりは、性質の異なる二つの共同体がもともと領域に重なりを持っており、構成員が自然に新しい実践を構成する様子を表しています。周辺というのは、実践共同体が、新しく参加してくる人々に対して開かれていることを示しています。

実践共同体と学習の関わりはこれらのパターンによって、大きく違ったものになります。

ここでは、実際にそれぞれのパターンの事例を紹介する中で、共同体と学習の関わりについて考えてみましょう。

共同体への周辺参加

「数理の翼セミナー」は、数理科学の講義を中心とする一週間程度の合宿形式のセミナーです。数学者でフィールズ賞受賞者の広中平祐氏によって企画され、一九八〇年夏から始まりました。その目的は、数理科学、特に数学に優れた素質を持つ若い世代を全国から招待し、自然に恵まれた環境の中で学年、地域を超えた学習の機会を作ることでした。

このセミナーは、毎年一回夏休み中に一週間前後、場所を変えて行われています。参加者は、高校一〜三年生、大学生、大学院生、数理科学に関連した仕事を持つ三〇歳未満の社会人を含む五〇名前後です。高校生は、そのうち七〜八割程度、残りが大学生以上となっています。セミナーのプログラムは主に講義と夜ゼミから成り立っています。

・講義

数理科学をはじめとする科学の各分野から大学・研究所などで第一線の研究をしている、

著名な研究者数名により、それぞれの専門分野に関する密度の濃い講義がなされます。講師の中にはこれまで、利根川進先生や、白川英樹先生、ハーシュバック先生など、ノーベル賞受賞者もいます。

講義の内容が十分には理解できないということもしばしばありますが、自分にとって未知なことが沢山ある、ということを認識し、講義を聴きながら疑問点や興味が自然発生的に湧いてくることを重視しています。これらの疑問点や興味は、セミナーの中で、講師に直接質問したり、他の参加者と話し合う中で、解消されたり、より一層深く掘り下げられていくのです。

・夜ゼミ

夜中の自由時間に参加者が自主的に開くゼミのことで、毎年セミナーを開催する中で自然発生的に生まれました。数理の翼セミナーでは、プログラムのない夜間を、毎日宿舎内での自由時間とし、さらに宿舎の大広間を夜ゼミ用として開放しています。この時間、参加者の中にはゲームなどを楽しむ人や休息をとる人もいて、なごやかなひとときですが、過半数の参加者は、大広間に集まって夜ゼミを楽しみます。夜ゼミの中には、あらかじめ参加者の有志が計画して、掲示版に予告して人を集めて行うものもありますが、大広間に集まった参加者の中から自然に始まるものもあります。こうして、夜中の自由時間の大広間では、あちこちで小さな人の輪がいくつも生まれ、備え付けの黒板やスタッフが用意した携帯用ホワイトボードを囲んで議論が白熱し、深夜まで及ぶこともしばしばです。

湧源クラブの発足

二〇〇五年の夏で二六回目を迎える数理の翼セミナー参加者の同窓会組織が湧源クラブです。数理科学に強い関心を持つ参加者が毎年五〇人増えるので、今では全国に散らばる(海外在住者もいる)一〇〇〇人を越す若手科学者の団体に成長しています。

湧源クラブでは年に一度、大定例会が開かれています。大定例会では、湧源クラブの抱える問題や将来について議論したり、活動の収支報告が行われたりするほか、クラブ員の中から講師を依頼し、講義や夜ゼミのようなものも行っています(図3-4)。大定例会だけでなく、他のイベントでも参加者はその自己紹介のとき、自分は何回セミナーの出身者であることを言ったり、名札に書くのが通例となっています。このとき、はじめて会う者

図 3-4　大定例会の講義での 1 コマ　大学講師であるメンバーと学部生であるメンバーが，対等に話をしている様子．

どうしでも、年齢がかなり離れている者どうしでも、対等に、すぐに話が始まるのが湧源クラブのおもしろいところです。中には大学教員と高校生という組み合わせもありました。広中氏も最初のころから、日程を調整し参加しています。

大定例会のあるときには、昼間の自由時間に、参加者の一人が屋外で大きなシャボン玉を作り始め、大きなものを作るためにはどうしたらよいかの話から実験が始まったり、その周囲にいた参加者からそれにまつわる自分の子どもの時代の話が出たりしました。鳥羽で行われたときには、みんなで水族館に出かけ、そこにつれられてきていたクラブ員の子ども（当時五歳）が、クラゲの毒細胞の話を聞いたり、宿舎に帰ってからはそこにあった百科事典を読んでもらったりしていました。また、学研の「科学のふろく」を編集者の方々に持ってきていただいたときには、みんな子どものようにはしゃいで、熱心にそれを触っていました。こんな雰囲気がいつも湧源クラブに漂っているのです。

湧源サイエンスネットワーク（YSN）

湧源クラブが過去行った活動のひとつに湧源サイエンスネットワークがあります。湧源サイエンスネットワーク（以下YSN）は、一九九四年から二〇〇〇年にかけて実施されたコンピュータネットワークを利用した科学教育のあり方を模索するプロジェクトです。

YSNは、学校の生徒・児童と湧源クラブ会員有志からなるアドバイザーとをコンピュータネットワークで結び、生徒・児童から出された科学に関する質問・疑問にアドバイザーが応えるという形式で進められました。実施校としては、一九九四年から一九九六年は東京都目黒区立神応小学校の高学年の児童を対象に、一九九七年から二〇〇〇年は東京都立明正高校の生徒を対象に行われています。また湧源クラブ側の体制としては、全国に散らばった大学生から社会人・研究者の会員の有志十数名がアドバイザーとして参加しました。

プロジェクトでは子どもたちから、「どうして人は死ぬのか?」「宇宙は果てしないのか?」「うさぎはなぜはねるのか?」といった教科書には答えの載っていない疑問が次々と寄せられ、アドバイザーは、これらの質問にどうやって答えたら子どもにも理解できる回答になるのか? ……さらには、単なる「正答返信マシン」にはならずに、子ども自身にも疑問について考えさせるきっかけを作る返事を出せるのか? 悪戦苦闘することになりました。プロジェクトを通じ、子どもたちからは、「自分のこだわりを調べて、そこから楽しさや疑問がたくさんでてくることで〝こだわる〟ことのすばらしさがわかった」、アドバイザーからは、「子どもに答えていくことで、自分もよくわかっていないことを発見した」「身の回りの小さな出来事のおもしろさを再発見した」という感想が寄せられ、子どもはもちろんのこと、大人であるアドバイザーもともに学び合う世界が生じました。子どもの疑問に答えることを通じて、一緒におもしろがって問題を解決しようとしていくことは、まさに湧源クラブの文化と一致するものでした。

湧源クラブは、科学が好きな人たちの実践共同体ですが、大学の研究室のような知的生産を目的とした共同体というよりは、様々な領域の人が科学的な会話を楽しむサロンという色彩が強い共同体です。

この共同体は数理の翼セミナーの同窓組織なので、毎年数十名の大学生が潜在的参加者として生み出されることになります。しかし、大学生たちが湧源サイエンスネットワークのような学習が埋め込まれた生産的活動に従事するようになるまでにはいくつかの段階を経ることが必要になります。

そのために重要な役割を果たしているのが、年に一度開かれている大定例会です。高校生で数理の翼セミナーに参加した生徒は、大学に入学すると大定例会の運営を手伝うようになります。この徒弟的なプロセスの中で、大学生たちは、様々な領域の科学を学んでいる大学生、大学院生、研究者などと語り合い、「科学する」ことのおもしろさを発見し、科学者としてのアイデンティティを徐々に織り上げていきます。

湧源クラブは、大定例会以外にも、共同体へ参入するためのしくみをいくつか持っています。たとえば、機関誌の発行や、各種のパーティの催し、科学的なイベントの開催などです。参加のプロセスで行っている活動を見ると、イベントのマネジメントや本の編集をしているので、直接科学に関係ないことをしているように見えますが、その中ですでにいるメンバーから「科学する態度」を学んでいるのです。

また、二〇〇二年にはこの数理の翼セミナーを自分たちの手で行うためにＮＰＯを立ち上げました。自分たちがこのセミナーで得た経験を次の世代にも引き継いでいく必要があると考えているのです。このように、湧源クラブという共同体は社会の中での位置づけも明確にし「公的」なものとなっています。

周辺参加とアイデンティティ

周辺参加で重要なことは、その共同体のメンバーとしてのアイデンティティが形成されることです。湧源クラブであれば、科学を学びたいと思っている学生から、科学者の卵としての学生への変化がそれにあたります。

このようなアイデンティティの形成は、個別の知識や問題解決の方法の裏側にある文化が伝えられる中で行われます。科学的な探究に重要なことは何か、陥りやすい失敗は何かなどが、体験談に埋め込まれた物語の中で伝えられていきます。そのような物語を内面化し、自らの体験にあてはめていく中で、科学者としての自覚が生まれてくるのです。

アイデンティティの形成は、知識や技術の習得と別の次元の話であるため、学習にとっての意味が見えにくいかもしれません。しかし、アイデンティティは自ら学びつづけていくためには欠かせないものであり、「学習のための背骨」だととらえることができます。

この背骨がなければ、「何のために勉強するのか」という学習に対する最大の問いに対して答えることができません。学習を生涯にわたる大きな事業として考えた場合、アイデンティティはその屋台骨を作る大事なものなのです。

言語と歴史の共有

アイデンティティを形成していくときに重要になるのが、その共同体特有の言葉遣いや、価値観を共有することです。どの共同体にも、身内にしか通用しない言語体系がありますが、このような言葉遣いは、その共同体の歴史の中で生み出されていた重要な生産物です。

学習者はこの言葉を学ぶことによって、共同体の活動に必要な知識を学ぶことになります。

湧源クラブのような科学の学びの共同体は、科学という共通した背景の上に成り立っていますので、このような言語体系の共有が比較的容易であるという特徴を持っています。しかし、一般の共同体に、背景を共有していない人が参入するような場合だと、このプロセスは大きな障壁になります。言語と歴史の共有は、共同体を形成するための重要なポイントだといってよいでしょう。

重なりのある共同体

湧源クラブは、科学が好きな人々が集まり、徒弟的な正統的周辺参加のプロセスの中で、共同体を形成した例として考えることができます。このような一つの共同体ではなく、二つの共同体が人工的に設計された活動を媒介にして、共同体を形成する場合も数多くあります。ここでは、東京都の南砂小学校と、岡山県の平福小学校で行われた遠隔協同学習を紹介し、本質的に重なる要素を持つ共同体が、実践をはぐくむ様子について考えてみましょう。

この協同学習は、二〇〇一年度に行われたもので、平福小学校六年B組と、南砂小学校六年一組の子どもたちが、総合的学習の時間を利用して、お米という題材をテーマにテレビ会議やウェブを使った協同学習をしながら、最終的に本の形にまとめて出版したものです。

子どもたちは、自然グループ、国際グループ、社会グループ、料理グループ、くらしグループに分かれ、もっとも身近な食べ物である米と人間の関係について、探究を深めていきました。

課題探求のプロセスでは、図書を調べたり、学校放送番組を見たり、大人にインタビューを行うなど、従来から行われてきた学習方法に加え、テレビ会議システムやウェブ掲示板などを利用した話し合いが行われました。この話し合いは、対立的な討論ではなく、お互いの考えやアイデアを出しながら、ひとつの結論をまとめていくという協調作業的なものです。

通常、日本の学校で行われるテレビ会議は、儀式的な側面が強く、遠隔地間でお互いに調べたことを発表して終わってしまう場合が多いのです。これに対し、この二つの学校で行われたテレビ会議は全く違う形態をとっていました。代表五名がテレビ会議で丁々発止の交渉をし、後ろ側の子どもたちは、調べ学習をしながら、代表が全員の招集をかけたときには即座に話し合いに参加して、意志決定を手伝うのです。さながら、外交交渉のような光景でした。

もちろん、これは大変高度な作業です。大人でも簡単にできるものではありません。子どもたちは、自分たちの考えが思うように伝わらなかったり、誤解が生まれて険悪なムードになりそうになったりする試練を乗り越え、一つひとつ課題を解決していきました。

このような共同作業の中で、彼らの中に距離を乗り越えた一つの実践共同体としての意識が芽生えてきたのです。この意識の高まりを踏まえ、最終的な成果物として、本を出版するという話がもちあがりました。

本を出版することとは、単に子どもたちのレポートをまとめて印刷することとは全く異なる活動です。ＩＳＢＮコードを持ち、値段を持って市場に出るものを作ることは、子どもたちにとって、課題を追究すること以上に大変なチャレンジでした。

子どもたちは、電子掲示板をフルに活用し、膨大なメッセージやファイルをやりとりしながら、遠隔で編集会議を続け、本の制作を進めていきました。自分たちが学んできたことの中で、何を読者に伝えればよいのか、本当にこの内容で読者はお金を払ってくれるのか、子どもたちだけではなく、それを見守る二人の教師（南砂小学校：伊藤教諭、平福小学校：三宅教諭）にとってもつらい日々が続きました。

そして、最後に本のしめくくりをどうするのかという話し合いを行い、「今後一〇年間の行動宣言を考える」という結論に達したのです。その行動を確認するために、一〇年後にもう一度再会するという約束を交わしました。これにより、この本は、子どもたちの「学んだこと」のまとめから、「これからの学び」の方向性を示すものになりました。さら

図 3–5　子どもたちが作った本『米米ワールド』　子どもたちが自らの手で作り上げた本．子どもたちは本を作るだけではなく，親や近所の人たちに説明して本を売る活動も行った．大人でもなかなかできない一大プロジェクトである．

に、この実践を支えた親たち、教師や大学の研究者の寄稿をあわせ、二〇〇二年四月に『米米ワールド』（高稜社）というタイトルで出版されています（図3-5）。子どもたちが執筆した量は二九〇ページにのぼっています。

実践を支える制作活動

インターネットの普及により、最近テレビ会議を通して協同学習を行う学校が増加しています。しかしながらその多くは、テレビ会議を使って学習の成果を発表したり、専門家に話を聞くという活動です。このようなシステムを使って遠隔地間に学びの共同体ができるようなことはほとんどありません。南砂と平福小学校の間に学びの共同体が成立したとすれば、それはなぜなのでしょうか。

ウェンガーが実践共同体の三つの要因の中にあげているように、共同体の成立と深化に必要なのは、関心の共有と、それを支える共通の目的を持つことです。関心を共有するだけでは、持続的な活動は難しく、持続的な活動がなければ共同体のような濃密な人のつながりはできません。この事例では、本を一緒に作るという、問題解決的な共同制作活動を設定したことが、距離を超えて二つの小学校をつなげた大きな要因といえるでしょう。

逆に、共同体が学習にとって重要な概念であるのは、このような持続的な活動を可能にする仕掛けとして機能するからと言い換えることもできるでしょう。持続的な活動は、学習の温床としてとらえることができます。持続的な問題解決活動は、調べなければいけない知識や、考えなければいけない問題、乗り越えなければいけない課題などを提供します。しかも、それらは共同体が共有する課題として一つの文脈の中で提示されるので、学習者にとって個別の知識習得や課題解決活動の意味が見えやすくなるというメリットを持っています。

重なりの実践と協働のデザイン

南砂小学校と平福小学校の二つのクラスは、地域も異なり、教師や子どもたちの個性も異なっているので、別の共同体として解釈することもできます。実際、平福小学校の子どもたちは、南砂小学校の子どもたちが自分たちよりも上手に意見を伝えることができることに気づき、普段の授業の中で、コミュニケーション能力を磨くことに一生懸命になっていました。

しかしながら、同じ国に住んでいた小学校六年生という意味では、共有している部分もかなりあるはずです。また、ともにお米というテーマを調べているという意味では、関心を共有した一つの共同体を形成しているともいえます。

このような類似性のある共同体の重なりの領域で行われる実践は、活動を持続的に展開しやすいという特徴があります。複数の共同体で役割を分担することによって、自分たちだけではできないスケールの問題を解決することができるのです。本を作るという大きな課題を解決することができた一つの要因は、このようなスケールメリットにあったといえます。

逆に言うと、重なりの実践は、複数の共同体がお互いにメリットがある形で協働した際にはじめてうまくいくということができます。そのためには、「協働のデザイン」が必要になってきます。

この実践における協働のデザインにおいて重要な役割を果たしていたのが、二人の教師です。もちろん最終的な意志決定は子どもたちが行っています。そこにこの二人の教師が子どもたちに様々な可能性を提示したり、問題点を指摘したりするモニター役として機能していたのです。

このような協働のデザインにおける調整役、コーディネータは、学校ではない場所でこのような重なりの実践を行う場合にも、必要な存在として考えることができます。

多様な参加の形態を保証する

子どもたちは、このような活動に同じやり方で参加していたわけではありません。もちろん、グループによってテーマが異なるので、それによって作業していた内容が異なるという側面もあります。しかしそれだけではなく、弁が立つ子は、テレビ会議で相手の学校と交渉する役割を担いますが、人前で話すのは苦手だが、こつこつ本を調べることが得意な子は、本を調べる担当になったり、それぞれの個性に応じて共同体に貢献していました。このように多様な参加の形態を保証することは、共同体を維持していくために非常に重要です。ある一定の参加の形態以外は認められないとなると、それができない人は共同体からドロップアウトして、組織がやせていってしまうからです。

共同体の境界で行われる実践

南砂小学校と平福小学校の事例は、背景を共有した二つの共同体の重なりの中での実践でした。これ以外に異質の共同体が新しい価値を求めて共同の事業を行う際にも学習が発生します。ここでは、メディアリテラシーに関して、放送局というメディアの送り手と、学校という受け手側が異質性を乗り越えて一つの学びの共同体を形成するプロジェクト「民放連プロジェクト」を事例として紹介します（図3-6）。

民放連プロジェクトは、地方局と学校が一緒に番組を制作する中で、メディアリテラシーを学び合うプロジェクトです。作られた番組は実際に夕方ワイドの枠で放映されます。このプロジェクトで、教師や生徒は、番組を作ることで放送メディアの特性や番組構成のプロセスを学ぶことができます。

地方局のスタッフは、学校の教師や生徒にアドバイスする中でメディア表現の営みを振り返り、自分たちが日頃行っているテレビを作るという営みを反省的にとらえなおすことができます。

放送局が視聴者に対して、撮影技法を教えたり、視聴者が作った映像を放映することはいままでも行われてきました。民放連プロジェクトは、それらを組み合わせてメディアリテラシーに関する学び合いを実現するところに新しさがあります。

民放連プロジェクトは、二〇〇一年度は長野県と愛知県の二地域で、二〇〇二年度は宮城、長野、愛知、福岡の四地域で実践が行われました。ここでは、二〇〇一年に行われた長野実践の様子を紹介しましょう。

長野県では、テレビ信州と須坂高校、長野西高校、三郷中学校、清水学童クラブが協力する形で実践が行われました。

長野では、放送局側と学校側にそれぞれ、プロデューサーとディレクターを設定し、合計四人がそれぞれの立場の特性を活かし対等な関係で携わりながら三分の紹介番組を制作していきました。

学校側は、自分たちの紹介したい内容を整理し、それをどのような方法で表現していくかを考えながら番組を制作します。局側は映像表現の具体的な方法を説明しながら、制作をサポートします。同時に、紹介番組が作られるまでを取材し、テレビの表現について理

図 3-6　民放連プロジェクトの活動の様子　子どもたちは実際にテレビ局で使われているカメラをかついで興奮気味である．このような場面ではテレビ局側のスタッフも多くを学んでいる．日頃無意識で行っている「撮影」という活動を，中学生たちにわかるような言葉で説明しなければならないからである．

解していく様子や、テレビ局に対する意識の変化を追った映像を制作しました。

約一〇分間の放送では、学校側の関係者をゲストとして迎え、感想やテレビに対する感覚の変化を紹介しました。

この教育プログラムは番組を作る学校側だけが学ぶわけではありません。プロと呼ばれているテレビ局の人たちも多くのことを学びました。番組作りのノウハウは職人技でマニュアル化しにくいといわれます。テレビ局の記者が、全く番組を作ったことのない視聴者を前にして、映像の作り方を伝える立場にたったときに、新しい学びの機会が生まれます。感覚で理解していたことを、言葉に翻訳して伝えなくてはならないので、無意識でやっていた自分たちの仕事を「意識化」する必要が出てきます。また、映像表現に対して送り手として持っている固定観念が、視聴者を前に直接授業を行うことで壊されることもありました。いってみれば、このプログラムは、「送り手と受け手の立場の逆転」を生み出すものなのです。

今回のプロジェクトで四つの共同体の教師役を務めた今村報道部長は、私たちのインタビューに対して次のように述べています。

「テレビは市民の一番身近にあるメディアなのに、テレビの内情があまりにも公開されていない。ここに送り手と受け手の乖離があるとすれば、それを解くのは送り手以外に考えられない。（中略）須坂高校、長野西高校、三郷中学校と回を重ねる中で、普段考えなしでやっていることを説明することの難しさや、毎日教壇に立つ先生たちの苦労を思い知った。逆に、テレビの持つ素晴らしい特性とその未来を改めて感じた」

教えることは一方的な行為ではありません。教えることは同時に学ぶことでもあるのです。教えようとすると、自らを振り返らざるをえなくなります。テレビは受け手と直接対話するメディアではないため、送り手であるテレビ局の職員は視聴率というフィルターを通してしか視聴者を理解できなくなっています。送り手と受け手が共同作業の中で番組を作ることは、受け手の全人格が作品をとらえていく過程を送り手の目の前につきつけることになるのです。

一方、放送局とパートナーを組んだ三郷中学校の小林教諭は、次のように語っています。

「以前からテレビで放映される番組というのは、沢山撮った中のいくつかのカットをつなげて作っているんだなぁと知識として分かってはいたんですが、またその、なんというかな。NHKならNHKの放送したやつがどうもいいところを撮っている、胡散臭いぞ、そういう思いはちょこっとあったんですけどね。今回、こういう経験をさせて貰って、ますますそういう思いは強くなりましたね」

視聴者も、テレビ局が番組を作るという活動をしていることを知識としては知っています。カメラマンがいて、ディレクターと呼ばれる人がいるらしいことも聞いたことはあるでしょう。しかし、現場で実際どういうことが行われているかを知っている人はほとんどいません。メイキング番組などで紹介されたものを見ることと、自らがその営みに正統的周辺参加することでは学べることのレベルが違うのです。活動は身体化された知や情動を誘発し、それが次の活動を引き起こすエネルギーを生み出すのです。

境界実践と葛藤状態のマネジメント

民放連プロジェクトのような越境型プロジェクトは、二つの異なる組織が、境界実践として、新しい学びの共同体を作り出す活動としてとらえることができます。

このような境界実践を立ち上げ、それが新しい実践共同体として立ち上がっていくためには、様々な工夫が必要になります。

二つの異質な共同体が出会い、共同事業を遂行する場合には、必ずそこに葛藤や摩擦が発生します。言葉の違い、価値観や文化の違い、目標のずれなどによって、生まれ始めた共同体がゆさぶられるのです。ましてや学校と企業のように、一方が学習を目的とする組織や共同体であり、一方が社会的実践を目的とする組織や共同体だとその摩擦は激しいものになりがちです。「それでは学びにならない」「学びは目的ではない、手段だ」という応酬が日常的に行われました。

このような葛藤は境界実践にとって重要な意味を持っています。

もし、葛藤が存在しなかったり、形式的なものだったりしたらどうなるでしょうか。葛藤の不足している状況では、共同体の中での学びは記述された知識の伝達行為に堕落してしまうでしょう。民放連プロジェクトでいえば、テレビ局の作り上げた既成の「きれいなテレビの作り方」が子どもたちに伝わるだけの活動になり、その学びは平板な知識伝達に終わることになります。テレビ局側は視聴者を参加させることによって日ごろたまっていた罪悪感を解消するだけになり、翌日からはまた同じ一方通行のコミュニケーションが続くことになるでしょう。

逆に、この葛藤が非常に激しかった場合はどうなるでしょうか。最悪の場合、プロジェクトは空中分解し、何も協同事業が行われないまま、すれちがいとしこりだけを残すことになります。

二つの異質の共同体が出会い、生産的な新しい「学びの共同体」を作り出すためには、葛藤状況を上手にコントロールし、新しい創造的な生産や学びにつなげていくための「葛藤のマネジメント」が必要になります。このマネジメントは葛藤を避けるためのものではなく、崩壊しない範囲で、新しい創造のための葛藤を起こし続けるためのものなのです。民放連プロジェクトでいえば、放送局側は自らの営みを反省的にとらえ、学校側もメディアについて批評的にとらえることができ、その中から新しい共同体を基盤とした表現の場を生み出していけるような葛藤状況を維持する必要があるのです。

境界実践と創発的学習

境界実践における葛藤状態のマネジメントは大変なことです。このような葛藤状態は、新しいことを発見したり発明したりする「創発的学習」のために必要不可欠なものなのです。

エンゲストロームは、ヴィゴツキーの「発達の最近接発達領域」の概念を拡張し、学習の再定式化をする中で、創造的で社会的な活動と学習の概念を結びつけようと試みています。

「最近接発達領域の暫定的な再定式化が、今や可能である。最近接発達領域とは、個人の現在の日常的行為と社会的活動の歴史的に新しい形態——それは日常的行為のなかに潜在的に埋め込まれているダブルバインド（筆者注：抜き差しならない葛藤状態のこと）の解決として集団的に生成されうる——とのあいだの距離である」（エンゲストローム、一九九九）

ここでいう社会的な活動の歴史的に新しい形態というのは、新しい発見や発明が行われた状態のことを指しています。たとえば、周期律表の発見を考えてみるとよいでしょう。メンデレーエフによって周期律表が発見される前は、元素の規則性に関して統一的に説明をする枠組みはありませんでした。周期律表の発見によって、化学は新しい段階に進んだということがいえるでしょう。

このような新しい発見や発明は、創造の側面と学習の側面を両方含んでいるので、「創発的学習」と呼ばれます。共同体の境界実践がもたらす葛藤状況は、それを解決しようとする共同体の集団の努力によって、創発的な学習の土壌になりうるのです。

共同体と学習

今まで説明してきたように、共同体のあり方とそこに埋め込まれている学習には深い関係があります。この二つの概念は独自の文脈でこれまで研究されてきました。しかし最近になって、ウェンガーらの研究をもとに、共同体や組織の研究者が知識流通や創発の問題を取り扱うために学習論に興味を示したり、学習論の研究者が、インターネットなどで可視化されるようになった学習ネットワークを取り扱うために共同体論に踏み込むなどの相互交流が行われるようになってきました。

共同体と学習に関わる研究成果は、学校や徒弟制のような従来の学びの場だけではなく、ボランティア型の組織やＮＰＯの運営、さらには、企業の中で新しいものを生み出すための知的なネットワークの構築にまで利用されるようになってきています。今後、未来の学びの領域は、学びに特化した専門の組織だけではなく、生産や労働、福祉の現場に埋め込まれた「学び」にも広がっていくでしょう。共同体は、その際の鍵になる概念なのです。

終章　学習環境をデザインしよう

第1章から第3章まで、「未来の学び」として考えられる新しい学びの形について述べてきました。あとは実際にやってみることです。それは、第2章の活動の中で説明したプロセス、「つくって、語って、振り返る」ことを実践することに他なりません。これがよりよいデザインにつながっていきます。身の回りにある、ちょっとした問題でいいのです。仲間を見つけてやってみましょう。そしてそれをまわりの人に語り、振り返り、修正していきます。ここでは、始めるにあたってのいくつかのポイントを示していくことにします。

なぜ「デザイン」なのか

私たちが「デザイン」という言葉を使うのには理由があります。教科書にきちんと記述できること、すなわち、構造化された知識や目標が明確に決まったことを教えることについては、教育工学の領域を中心にここ数十年間研究されてきました。教育という営みに、工学的な設計方法を適用するというものです。学習目標を細かく分析し、やさしいものから難しいものへと段階を追って教育する方法です。一方、本書で取り上げたような、複雑で創発的な学びについては長い間、職人的、芸術的なものとしてとらえられてきました。このような学びを成立させることができる人は、一種の達人として扱われてきたのです。「デザインする」という活動には、必ずそこに目的があり、対象となる人がいます。デザインは人が媒介する活動であり、誰がやっても同じようにできる解の算出をめざす工学とは異質な要因を持っています。しかし、同時に芸術ほど属人的でもなく、一定の方法論は共有できる活動でもあります。

私たちは、デザインという営みが持っているこのような特徴に注目し、新しい学習環境を構築するときの中心になる概念として、デザインという言葉を使っています。そこでは目的、対象、要因、そこへ至るまでのプロセスなどを意識した活動という意味が込められています。

誰が「デザイン」するのか

それでは学習環境をデザインするのは、誰でしょうか。私たちが環境と考えているのは、学校だけではありませんし、対象は子どもだけではありません。一人ひとり、すべての人が学習者です。企業、地域社会、学校など、あるいは小さな仲良しグループでも、人数の多少に関わらず、よりよい学びの環境を提供することは、そのグループの継続や発展の重要な鍵となります。

急速に変化する社会の中で、私たちは様々な問題に直面しています。そしてそれを日々解決して前に向かっていかなければなりません。企業にとっては生死がかかっています。一人ひとりが学んで成長していくことはもちろん、その人が属する社会や組織自体も学び、成長していく必要があります。前章までに見てきたように、学習は決して個人だけの問題ではないのです。そこに関わる人々の活動を組織し、空間を用意し、共同体を構築していくことが、その社会や組織を発展させ、成功に導くことになります。それが学習環境のデザインです。

そういった環境をデザインするのは、企業の責任ある立場の人であったり、教師であったり、プロジェクト・リーダーであったりします。属するグループの成長に関わる人すべてがデザイナーといえるかもしれません。そこでは、どのような空間を用意するのか、どのような活動にしていくのか、それらを通じて、どのような共同体を作っていくのかを考えます。そこの中で起こっていること、外部で起こっていること、参加者の状況などを常に意識していることが必要です。

デザイナーは、活動全体のコーディネータであり、関係を構築するために人々をつなげ、その活動を常に生き生きとさせつづけ、情報を集め、管理に気を配る人です。学習のテーマを明確にすることを助け、共同体の維持を助け、新参者を助け、他の共同体や活動との関係をも視野に入れる、ある意味、歴史を背負い、新たな歴史を織り込んでいく人ともいえます。

どうやって「デザイン」するか

それでは最後に、未来の学びのための環境をどうやってデザインするかについての方法論を簡潔にお話ししましょう。これまで見てきた三つの要素「空間 space」「活動 activity」「共同体 community」から考えることをお勧めします。以下では、各項目三つずつポイントをまとめます。はじめの文字は各項目の頭文字を意味します。

活動 Activity

空間・活動・共同体の三要素の中で、学習に直結する核になる概念は、「活動」です。学習環境のデザインの中で最初にするべきことは、学習が生起する可能性が高い濃密な活動のアイデアを考えることです。ここでいう活動はワークショップのような短期集中型のプログラムかもしれませんし、問題解決活動のように長い期間が必要なものかもしれません。どのようなスケールの活動がよいのか、どのような内容がよいのかは、求めている学習の領域と対象に依存します。ただ、一般的には次の三点に気をつけておく必要があります。

A-1 活動の目標が明快であること

デザインをする側はつい一人よがりで複雑なプランをたてがちです。学習者の立場に立てば、この活動はどういう目標で行われており、それが学習者にとってどういう意味があるのかがすぐに理解できることが重要です。意味が理解できない活動に、学習者が力を注ぐことはありません。

A-2　活動そのものにおもしろさがあること

わかりやすい活動でも、活動そのものがおもしろくないと活動が長続きしません。このおもしろさは、ゲームのようなおもしろさではなく、活動の中に埋め込まれた課題そのものが持つ構造的なものを指しています。新しい知識を生み出すおもしろさの場合もあるでしょうし、問題を解決していくことのおもしろさの場合もあるでしょう。第2章で紹介した電子キットを作るという事例などものづくりの活動の中には、このような内在的なおもしろさが含まれています。

A-3　葛藤の要素が含まれていること

おもしろいことは活動にとって重要な要素ですが、それだけでは学習は生起しません。学習を生み出す最大の要素は、そこに葛藤が含まれていることです。たとえば、自分の意見と人の意見が異なっていて、その矛盾を解決して新しいレベルのアイデアを生み出す活動が含まれていることです。あるいは、自分が思っていた仮説がやってみるとうまくいかず、何らかの修正を迫られたりなどの、「困った状態を何とかしたい」と思ったときに、学習が発生する可能性が高くなります。このような、「つっかかった状態」を起こすために、デザインを行う必要があります。このためには、第3章で述べたように、放送の送り手と受け手という異質な共同体どうしをあえてつないだ実践を行うなどの方法があります。

葛藤状況に追い込まれることは人間にとって苦しい経験です。大変で苦しいのだけれど、本質的にはおもしろいという一見矛盾した感情を上手に共存させることが学習活動のデザインにとって非常に重要です。このような状態は、"Hard-Fun"(くるたのしい=くるしい+たのしい)と呼ばれることもあります。

自分の役割が明確であること、工夫の余地があること、つまり、努力や貢献が報われる、あるいは、見えることがポイントです。ちょっと頑張ってみようかな、ちょっと頑張れば乗り越えられそうなこと、その程度のレベルがよいでしょう。簡単すぎても、難しすぎてもだめなのです。

空間 Space

活動についてのアイデアが固まったら、その活動を支える空間と共同体のあり方について考えてみましょう。空間のデザインは、学習者にもっとも直接的に「見える」部分になります。活動や共同体のような見ることができないものを目に見える形で提示するという重要な役割を担っているといえるでしょう。それだけに、デザイナーはここを「かっこよくしたい」と考えて、クールなデザインにしようと力を入れる傾向があります。しかし、「かっこよさ」は、学習環境のデザインの中心的な概念ではありません。学習環境として空間を考える場合、以下の三点について考えておく必要があります。

S-1　参加者全員にとって居心地のよい空間であること

居心地のよさは、学習と関係ないように見えますが、実は学習の基盤となる「私らしさ（Identity《アイデンティティ》）」の発露と関係があります。人間は自分が受け入れられていると感じ、落ち着いていられる空間でないと、安心して考えたり、自分を表現したりすることができません。学習者が自分の居場所として使うことができる「すみっこ」的な場所を配置したり、安心していられるような雰囲気を作ることは、空間のデザインの基本として考えておく必要があります。

S-2　必要な情報や物が適切なときに手に入ること

空間は、学習に必要な情報や物が配置される場でもあります。活動に行き詰まったときに、インスピレーションを与えてくれるような他者の作品や、学習の歩みを表した掲示物などがあることは、活動の中で学習を誘発する際に重要な役割を果たします。また、作業に必要な道具や素材がいつでも手に入る工房的な側面も必要になります。

S-3　仲間とのコミュニケーションが容易に行えること

葛藤が含まれた活動の中で、葛藤を打ち破り新しいアイデアを生み出すためには、異質なアイデアとのやりとりが必要不可欠になります。意見が異なる人とじっくり話し合いをしたり、同じ課題で作っているはずなのに、全然違う作品になっているのはなぜかを聞いたりするなど、自分と違う文脈や状況と触れあうことが学習の背景を醸成することになります。

第1章で述べた、はこだて未来大学の事例のように空間の可視性を高めることは、このような他者とのやりとりが自然発生的に起こるための重要な要素になります。

共同体 Community　共同体は、空間や活動に比べてコントロールしにくい対象です。

人と人の間の関係であるため、予想外のことが起こることが多く、特に長期にわたる共同体のデザインには様々な困難が伴います。ここでは、共同体のデザインの中で、基本になる三点をおさえておきます。

C-1 目標を共有すること

共同体を共同体たらしめているものは、何らかの目標や活動を「共有」していることです。興味や関心、問題を共有し、経験を共有する。当たり前のことのように思うかもしれませんが、人為的に共同体を作り出す場合、共有しているものがはっきりしないために、共同体の構成が困難になっている例は意外に多いのです。新しく共同体を立ち上げる場合には、その共同体が何を共有しようとしているのかについて、合意できるようにすると同時に、それを常に意識化していく必要があります。たとえば第3章で紹介した、遠隔地の学校どうしが一緒に本を作るというプロジェクトでは、「本を作る」という具体的でわかりやすい目標が共有されていました。そのため漠然と一緒に勉強するという状態に比べて、葛藤状況にも耐えられる安定した共同体を作ることができたのです。

C-2 全員に参加の方法を保証すること

たとえ目標が共有されていたとしても、参加が一部の人に限られてしまって、幽霊のようなメンバーがたくさん出てしまうということもよく起こる失敗です。これは、参加の方法が多様に用意されていないため、あまり時間がさけない参加者が参加できないということが原因になっている場合が多く見受けられます。中核的に参加するコアメンバーとともに、周辺的ではあるけれども、共同体にとって重要な役割を果たすメンバーをたくさん持っていることが、共同体の力につながり、創発的な学びの基盤になる多様性を生み出すことになります。たとえば、活動をモニターする役割の人や、違う共同体との接続役を果たす人、また、裏方にまわって異なる意見の人を調整する人などは、一見あまり生産的なことをしていないように見えても、長期的に見ると共同体に重要な貢献をしていることになります。

C-3　共同体のライブラリーを作ること

周辺的な参加が難しくなるもう一つの理由は、共同体がある程度続いてくると、そこにその共同体独自の言葉遣いややり方などが生まれてくることにあります。共同体の多様性を維持するためには、常に新しい人が入ってくることが望まれます。しかし、新しい人は共同体独自の文化を知らずに入ってきます。古くからいる人は、「そんなことも知らないのか」と思ってしまいがちです。新規参入者が共同体に参加する道筋の中で、このような言葉遣いや昔起こったことを学べるように、様々な資料を整理したり、説明したりする活動が必要になります。

やりながら考える、振り返る、位置づける

学習環境をデザインする際、最初は活動から空間、共同体という順序で考えていった方が始めやすいでしょう。しかし、基本的にこの三つの概念は有機的にからみあっているものなので、最終的には一体のものとしてデザインする必要があります。たとえば、活動の目標は共同体の目標と直接的な関係を持っていますし、空間のあり方は、活動のことを考えないと出てきません。また、空間や共同体から、活動の内容が規定されることもあるでしょう。

最初からデザイン案を細かいところまでつめてもうまくいきません。この本の中で述べてきた「学び」は、複雑な網の目の中から自然発生的に生まれてくるものであり、誰が参

加するのか、いつ行うのかによって、全く違ったものになりうるということを理解しておく必要があります。すなわち、このような学びのデザインは、事前に完全に記述することができない、開放形のものだということです。

このような複雑な対象をデザインというフィールドに引き入れるために、以下の二つのやり方がよく使われます。

(1)最初に試験的な実践を行い、改良する

ある程度までデザインができたら、小規模な実験的実践を行い、それを評価しながらデザインを改善していくという方法があります。これを形成的評価(Formative Evaluation)といいます。このやり方のメリットは、デザインに大きな欠陥や矛盾点が含まれている場合に、それを修正することができるという点にあります。ただ、小規模な実験的実践とそれに続く実践は同じにはならないので、そこのところは差し引いて考える必要があります。小規模な実験的実践では出てこなかった新しい問題が、本番で発見されるということはよくあります。

(2)実践が終わるまで継続的にデザインを行う

実践が長期にわたる場合、実験的な実践を行うのではなく、実践を行いながらその中でデザインを修正していくという方法もよくとられます。大きなくくりでいえば、これも形成的評価のバリエーションと考えることができます。実践の途中で、空間、活動、共同体が、当初期待していたような状況になっているかを評価し、それを改善していくために、デザインを微調整するというやり方です。このやり方は、デザイナーが継続的に実践をモニターして評価を行うという意味で、従来の「もの」のデザインとは一線を画するものといえるでしょう。

すべての人に開放されたデザイン

今後、このような新しい学習環境のデザインに関する専門性を持っている人は、学習環境デザイナーとして社会の中で重要な役割を占めることになるでしょう。学習環境デザイナーが行っていることは、多様で複雑なネットワークの結節点のコントロールです。共同体の中で同時多発的に生起する学習を、神様のように、すべてを管理する存在ではないことに注意する必要があります。実はすべての学習者は、自らの学びを形成しようとする際に、意図しないうちに学びのデザインを行っています。学習環境デザイナーは、それら学び手の動きを助け、組織化するという意味で、重要な役割を担っているのです。最後にひとつ、具体的な例を紹介しましょう。

たとえば、職場で部門を越えたコミュニケーションが分断されているという状況があったとしましょう。前もってちょっと話を通しておけば、スムーズにことが進むはずなのに、と思ったことはないでしょうか。そんなとき、インフォーマルなコミュニケーションがどこで起こっているかを見てみると、それは喫煙スペースであったり、給湯室であったり、ということに気づきます。これを公の場所に拡張することができないかを考えます。まず、仲間を集めることから始まります。問題を共有できる人で、立場の異なる人、部門の異なる人を集めることが重要です。異文化の背景を持つ人は、異なる視点を提供してくれるからです。

筆者（美馬）の職場では、「コミュニケーション・ライブラリー」というスペースができました（図4-1）。部署を超えて、みんなが情報交換できる場です。コーヒー片手に気軽に話ができ、壁には共有したい情報をピンナップできる。資料や書籍を共有できる本棚

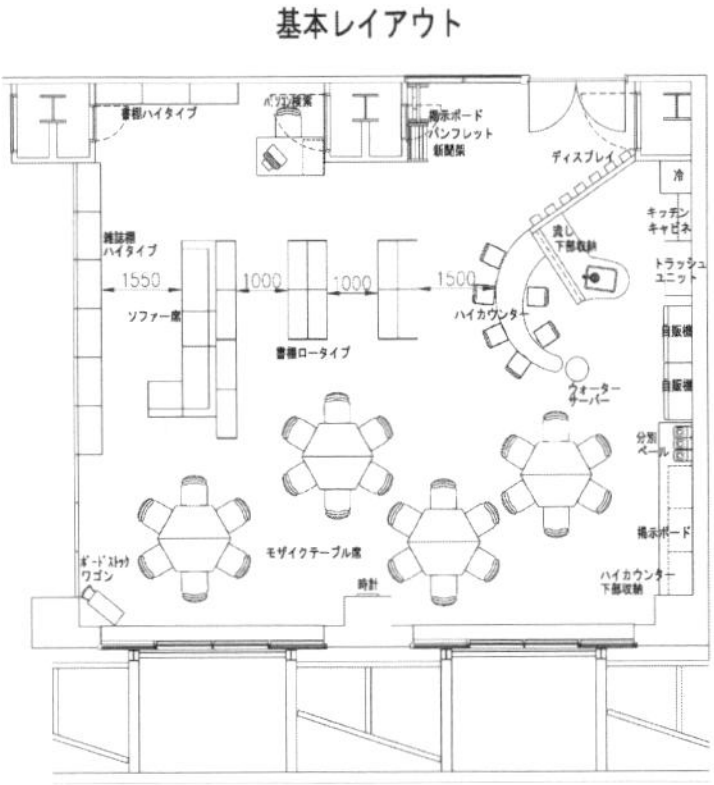

図 4-1　コミュニケーション・ライブラリー　左手前にはソファと本棚，中央には可動式のテーブルといす，右奥にはピンナップボードがある．（図版提供（2 点とも）・株式会社岡村製作所）

もあります。これを作るにあたっては、部署を超えたチームを作り、オフィスのレイアウトに関する問題を全ての部署から吸い上げていきました。できあがってからの運用については、各部署から有志を募ってまたチームを作っていきます。その場所をどのように運営すれば、コミュニケーションが図れるか。チームのみんなで問題を共有し、解決していくことになります。スペースを作ったからといって、目的が達成されるとは限りません。運営チームで試行錯誤を繰り返していくことになるはずです。

ここで行ったことは、まずはスペースを作るための活動を共有するチームの結成、空間のデザイン、できあがったところで空間を利用した活動をデザインするためのチームの結成です。そこから活動を広げ、職場のみんなを巻き込んで共同体ができあがっていく。それが大目標である、組織を発展させていくための鍵となる共同体の構築につながっていくと考えています。

この話は、初めからこんなに大掛かりなものではありませんでした。コミュニケーションが分断されているという認識から、一年以上かけて、仲間を見つけ、スペースを探し、予算を獲得し、実現にこぎつけていったのです。

この本を読んで、おもしろいと思っていただけたなら、自分の身の回りで新しい学習環境をデザインしてみてください。仲間を見つけてちょっとやってみる。それが大きな動きになっていくこともあります。きっとそこから「未来の学び」が始まるに違いありません。さあ、身の回りにあることから始めてみませんか。はじめの一歩を踏み出しましょう。「未来の学び」のデザインは、そこから始まるのです。

［対談］「未来の学び」は駆動し続ける——新版の刊行にあたって

——この新装版は、二〇二四年に建築家の山本理顕さんが、建築界のノーベル賞とも称される「プリツカー賞」を受賞されたことを一つのきっかけに企画されました。公立はこだて未来大学のキャンパス（二〇〇〇年）は山本理顕さんの代表作の一つであり、本書の共著者の一人美馬のゆり先生が本拠とするフィールドです。ここで展開された「未来の学び」は、本書刊行後どのように展開してきたのか、どこに向かいうるのか、両先生に対談していただきました。（編集部）

美馬：今回の受賞理由には「建築の社会的責任について問題意識を喚起した」とあります。山本さんは大学院修了後、原広司（現在東京大学名誉教授）研究室の研究生となって、世界中の集落、コミュニティを調査して回ったそうです。私たちが新しい大学の学習環境、学びのコミュニティづくりを模索していたとき、そんな彼と出会ったのです。受賞を聞いた時、山内さんはどう思いましたか？

山内：山本さんは、一般住宅も含めて、人と人とが自然にその対話の中でコミュニティが構築しやすいようなものを、空間の仕組みとして実装することをずっとされてきて、それが未来大に結実したんじゃないかなと思います。ラーニングコモンズ的な空間の実装ですね。未来大は山本さんの思想がすごく出てる建築だと思うんですけど、そこから先、こういうものの受容のされ方、力点はそれぞれ違っていった。

一九九〇年代以降の学習目標や能力観の変化、具体的には創造性や協同活動の強調と、それを担保するための対話、コミュニティの重要性の認識、こういう文脈で「未来大っぽい」空間は、その後世界中・日本中に増えていきました。

美馬：学習空間のひとつのモデルを作ったということになるのかもしれませんが、計画策定委員の私たちが考えたのはこういうことです。これまでの大学は、学生からしてみると、授業を受けるのは教室で、勉強するなら図書館で、それ以外に友人と一緒に落ち着いて学ぶ場所がない。授業が終わったら追い出されちゃう教室、話ができない図書館、さわがしい食堂、ではなくて、みんなが座ってゆっくり話せる居場所も含めた学びの場だという考え方。それ二〇〇〇年当時は、あんまりなかったのではないかしら。

山内：この四半世紀で、カタチだけ見たら結構いろんな場所にこういう空間が増えたと思うんです。だけど、未来大のような空間が再現できているかっていうと、怪しいなって思うことが正直あります。

「ラーニングコモンズ」の看板を出して、オープンな空間、椅子とか机を形だけコピーしてきても難しくて、そこに活動とか共同体が入ってないと、魂が入らないっていうか、人が動かない空間になってしまう。

美馬：建物や什器をハードウェアとするならば、そこにそれを運営していくソフトウェア、つまりカリキュラム、新しい学びの方式——プロジェクト学習・PBL（プロジェクトベイスト・ラーニング）がないと、うまく機能しません。この本ではなによりそれを素描することを目指しました。

コラボを面白がる「マインドウェア」

美馬：そのほかにもう一つ「マインドウェア」です。「ハードウェア（建物や什器）」「ソフトウェア（カリキュラムや学習方法）」、そして「ウェア」にひっかけてマインドを「マインドウェア（心持ち）」が大事だと。

みんなのマインドが、誰かとコラボしたら面白いよねみたいな、新しいことをやってみようっていう、そういうマインドがないと機能しない。建物を造って、「全教員必修でＰＢＬやります」って言ったところで、多分うまく動かないと思う。

山内：この本ではそもそも学びは本来コラボだということを、いろんな事例から言ってますよね。人と人のつながりが大事で、そこからいろんなものが生まれていき、学びにつながっていったりする、このマインドセット。これが学習する文化の一つの在り方だと思うんです。それが前提になってないと、意識的に人と人をつなげるための活動をしましょうという話にならない。空間だけつくっても「一人でラーニングコモンズで勉強してます」「バイトの相談してます」とか、そういう例が結構あるんですよね。

美馬：今後この本を読む方で、こういうコミュニティがまだないと思ったら、そのコミュニティにいる人で、教育活動でなくてもいい、「何か面白いこと」をやっている人たちを見つけて、「何か」話をしてみることをまずしましょう、と言いたい。

何か全然別の対象や分野のＮＰＯでも何でも、そういう活動をしている人は、人とコラボすると何か面白いことが起こるっていう経験を持ってる。そういう面白がる発想をできるような人たちをコアに、またはメンバーにして、任せてみる。

山内：私は「小さくて確実な成功」が大事だっていう言い方をします。

未来大や東大の話をすると、よく参加者の方が「そんなこと言ったって、うちはお金がないし」みたいなことを言われるわけです。何か最初から巨大なものをつくろうとするのではなく、既存のもので工夫できることはたくさんあるはずだから、やる気がある人たち少人数でプロジェクトチームをつくって、少ない予算である場所を改装するところからでもいいからトライアルしてみましょうと。そうした「小さくて確実な成功」を広げていくと、それが同時に、その人を中心にしたコミュニティも広がっていくことになる。空間ってやっぱりコミュニティの居場所だから、これを使いたい、この空間を使いたいっていう人の集まりがないと生きないんです。まず確実にできる範囲で小さな人のまとまりと空間を作って、それを膨らませてゆくこと。

もう一つ言いたいのは、それをある大学の教員集団・教職員集団全体に広がらなきゃいけないとかっていうふうに堅く考えなくてもいいということ。そういう人たちが二割いたら、雰囲気が変わり、マインドセットが変わっていく。全員を変えようとせずに、ちっちゃいとこから始めて、二割ぐらいの人がそういう考え方を持って変えていくために動き始めれば、組織は、確実に変わっていく気がします。

美馬：プロジェクト学習も全教員必修とはなかなかいかない。全員に最初から強制するんじゃなくて、やりたいっていうグループ、やりたいっていう人がまずは始める。ポイントは、その人たちがやっていて楽しそうっていうのが、みんなに見える場所でやること。

山内：そうですね。

美馬：見える場所でやる。ラーニングコモンズがなければ、どこか建物のロビーみたいなところを使って、プロジェクトをやってもらっちゃう。どうも楽しそうだぞって思う人が出てきたら、それはみんなやりたくなっていくから。

建築と学びのパラダイム転換

美馬：実は未来大もそうなんです。未来大でプロジェクト学習が始まったのが二〇〇二年（三年生必修）、始めて間もない頃に、他のプロジェクトがどのぐらい進んでいるのか、どうやってるんだろうっていうのを知りたくなった教員たちがいた。一二月に最終成果発表会をすることは決まっていたけど、中間発表会をする計画はなかった。そこで「中間発表会しませんか」って教授会でよびかけたけど、全員の賛同が得られなかったので有志だけで七月に実施したわけ。三つぐらいのプロジェクトかな。

そうしたら、それを見た他の教員、やる必要を感じないと言っていた人たちも、「こんなんだったら、うちのがもっとすごい」と言い出して、みんな自慢したくなっちゃった。こうして次の年からは中間発表会をすることになったの。一年間のプロジェクトなので、夏休み前に一度まとめておくと学生にとってもよいということもある。お互いの「プロジェクト道場破り」みたいに、他のプロジェクトに行って発表するとか、見えるところでわいわいやることで、全体に広がったっていうのがあります。

山内：楽しいのはとても大事だと思うんですよね。未来大の略称ってFuture University Hakodateで、ＦＵＮ（楽しみ）じゃないですか。

美馬：そう、ＦＵＮ。

山内：「何かこういう空間をつくれって偉い人たちに言われました」ってすごい辛そうにつく

ったら、絶対いい空間はできないと思うんですよね。

美馬：山本理顕さんの建築作品でも、建物さえよければ面白い学びが起こるかというと、そんなことはない。「とにかく有名な建築家の先生に依頼したんだから、それでやってくれ」、ワークショップの機能のある部屋を作ればうまくいくっていうわけじゃない。そこには、ワークショップ形式でやりたいことがある人たちがいる必要がある。

山内：未来大がうまくいったのは、もちろん山本理顕さんの力もあるけど、未来大の計画策定に関わっていた人たちは、具体的にやりたいことがある人たちだったから、コラボレーションの結果、うまくいったんだと思います。

建築家と対話することはすごく大事で。この建物（東京大学　情報学環・福武ホール）の設計は安藤忠雄さんじゃないですか。安藤さんの作風に「コミュニティ志向」を感じる人はあまりいないかもしれないけれど、安藤さんは、ユーザーが挑戦してきたら受け止める。ボクサーなんで、あの人は。

美馬：そうなんですね！

山内：受け止めてくれる人なんです。この建物を設計するとき、ひょっとすると建築としての美しさを損ねるかもしれない提案を僕たちはした。どうしても赤門からすぐ入れるところに、みんながおしゃべりできたり、イベントができるカフェが欲しかった。そう言ったら「分かった」って、計画変更してもらったんです、カフェに。ホール内のシアターについても、「みんなで物語を共有するようなスペースにしたいと思うから、横長で劇場型にしたいんだ」って言ったら、それも「分かった」と。結果、もともと左右対称だったプロポーションも北側が長くなったんです。そこまでやってくれた。

美馬：そう。ユーザーがどういうふうに使うか、どういう活動をやりたいか。この本でも（本書八〇頁～「建築家とのコラボレーション」）山本理顕さんが、私たちとの対話の結果、設計変更した話が出てきます。

山内：逆に僕たちは、学習の空間をデザインする時には、そのユーザーだけじゃなくて建築系の人たちとコラボレーションしなきゃいけない、ということを学ぶことにもなった。任せるだけじゃない、「こういうことやりたいんだけどどうしたらいいか」っていうことを、対話する。

ハードウェアとソフトウェアの具体的なカタチが、対話から同時に出来上がってくる。

美馬：この本にも出てくる、ウェンガーのコミュニティ論（本書一四三頁〜「コミュニティ・オブ・プラクティス」）、コミュニティとコミュニティの境界とその越境、かな。全然違うコミュニティの人が出会って、話をしていくっていう。

ふつう建築写真って、人が写ってないでしょ。でも未来大が建築系の月刊誌『新建築』の表紙になった時には、人がいるの。同様の月刊誌『建築文化』の写真でも。建築写真家の方も、これは人があって初めて成り立つ建物だっていうことに気づいたんだと思う。

山内：学ぶことも、建築も、パラダイムが変わってきたんじゃないですかね。人と一緒になってこその学習だっていうことと、人が一緒になってこその建築だっていうことと。

東京大学でも二〇〇七年に駒場キャンパス（教養学部、大学院総合文化研究科）に「駒場アクティブラーニングスタジオ（KALS）」というモデル教室が設置される際に設計に携わらせてもらいました。KALSを起点に、そのモデル教室を使いたい人のコミュニティができて、その後その知見をベースに「21KOMCEE」っていうアクティブラーニング型の教室がかなりたくさん入った教育棟につながっていきました。「未来の学び」を予見するように描いたこの本のあと、東大でもかなり育ったっていう、そういう感じなんですよね。

コロナ禍とコミュニティビルディング

美馬：今回この本の新装版を出すにあたって考えたいのは、コロナ禍を経験した後のリアルな学びの空間について、です。

山内：確かにそうですね。

美馬：コロナ禍で大学ばかりでなく、学びの経路がオンラインに急に移行したでしょ。その後も日本では大規模なオンライン大学の設置も検討されているけれど、いま改めて学校とか学びの場って一体何なのか、ということ。

授業を受けて知識を得るだけだったら、ネットで、オンデマンドで、交通費もかからず、自宅で、となる。けれど現状で感じる大きな欠落感っていうのは、大学って、授業以外のところで他の人たちの活動を見たり、お互いに学生たちが学び合ってたり、見えないところで学びを支えているもの、だったのではないかと思う。

山内：コロナ禍の大学で失われたのはまさにコミュニティビルディングの機能で、Ｚｏｏｍだけでは人と人が仲良くなるのは難しいんです。オンラインでも対面でも、テスト成績にでる学習効果が変わらないという研究もあるけれど、コミュニティができたかっていうと、そこまではいかない。

美馬：ラーニングコモンズを機能に分解すれば、ある程度オンラインでも代替可能かもしれない。けれど、「アトリエ的学習空間」（本書五〇頁〜）「アトリエ的学び」——お互いにやっているとことが何となく見える、それとなく気配を感じる、ということの重要さは、断たれちゃった。

大学でいえば、教室棟、研究棟、図書館といった、「ワンビルディング、ワンファンクション（一つの建物に一つの機能）」ということでは、多分ない。特定の活動のために特定の建物を作る、ということじゃない。昔の日本の家の「お茶の間」のイメージ。お客さんが来れば客間にもなるし、勉強する書斎にもなるし、ちゃぶ台片付ければ寝室にもなるという、「ワンルーム、マルチファンクション（一つの部屋が多機能）」。ところが現代の家は、リビング、勉強部屋、寝室のように、「ワンルーム、ワンファンクション」になっちゃってる。大学の学習空間として、「ワンビルディング、マルチファンクション」が必要じゃない？

山内：お茶の間では、対話のモードがいろいろ切り替わるんだと思うんです。学習内容「以外」の会話が、構成員同士の間で行われることが、共同体の形成にはすごく大事。結局この人ってどういう人なんだろうって知りたい時に、勉強の話しかしていないと分からないじゃないですか。そもそも何に関心を持ってて、どういう経緯でここにいてっていうところまで話せるようになってないと。オンラインだと、用事を済ませるだけになりがちで、こういう話が続かない、というのがコミュニティビルディングできない理由だと思うんですよ。

学校は勉強する場所だからそれしかしゃべっちゃいけませんみたいな感じだと、やっぱりコミュニティを作るのはすごく難しくって、その人の人となりが分かるような会話を許容するような空間でないと駄目なんだなって思います。

「まだ、ない」コミュニティをつくること

美馬：空間があれば自然にコミュニティができるというわけじゃない。じゃあコミュニティってなんなのか、コミュニティをどうつくるのか。コミュニティがあると何が違う、何ができるのか。コミュニティって何だろう。

そもそも、コミュニケーションのあるところに学びは生じ、断たれたところに問題は生じて

いる。知識は対話によって生まれるのだとすると、自由に気負わずに何でも気軽に話せる人がいるという状況、コミュニティに属しているとそれがしやすいの？　それともコミュニティを作ることが先？

山内：コミュニティが成立する要因の話なんだろうと思います。実践共同体、つまりある実践を立ち上げていくとき、プロジェクト学習的にコミュニティは発生し、その中である人がロールモデルになったり、深く参入するための学習が起こってくる。その意味で、コミュニティとは学習が発生するための土壌なんでしょうね。多様な学習がコミュニティの中で発生していくので、過程のありようは一つじゃないと思うんですけど。

美馬：私最近、学習理論でいうときのコミュニティの考え方って、この二〇年の間どう変わっていったのか、と考えてみたんです。たとえばレイブ&ウェンガーの「正統的周辺参加」のコミュニティって、「すでに存在しているコミュニティ」なんですよね。実践共同体の例として、洋服の仕立て屋の話があったり、他に操舵手《そうだ》とか、目的と機能がすでにあるコミュニティが存在して、そこにいかに参加していくかのプロセスが学びであると言ってるんだと思う。

でも、多分これから必要な学習論は、いまあるコミュニティにどう参加していくかだけじゃなくて、そのコミュニティ自身をつくり出していくところに一歩踏み出していくっていうことじゃないんだろうか。それがパフォーマンス心理学の人たちの言ってることかなと考えています。

いま世の中が大きく変わり、社会が不安定化して、世界的にも日本の中でも、教育格差、経済格差が深刻な問題になっている時に、その格差はおかしいと言う、それを変えていこうって行動するエージェントになっていくこと。学習者になるっていうのはそういうことなんじゃないか、というのが活動理論の人たち、活動家の人たちが言ってることですよね。誰かが何かを変えてくれるのを待っていてもしょうがない。自分たちが主体的にアクションを起こしていく、そして世の中を変えていく必要があるっていうことが、これからの教育であり学習であって、それが私たち全ての人たちに求められているっていう気がするんです。

学習や教育って、社会が変われば何を良しとするかとか、何を目標とすべきというのは変わってゆく。世界的な地球温暖化も含めた生態学的な地球環境・自然環境の課題もあるし、格差の拡大のような社会環境が変化していく時には、すでに存在するコミュニティにどうフィットしていくかの学習よりも、自分たちで何かアクションを起こしてコミュニティを変革していくみたいな、一歩踏み出すみたいなものは必要だと最近考えています。

デザインという思想、ふたたび——「ツール」と「デザイナー」

山内：するとそうした学びのコミュニティを「デザイン」する、っていうのは……。

美馬：この本の初版が出たとき、「タイトルで「デザイン」って言っているのもすごく新しかった」って言われた。デザインっていう言葉も随分変わってきましたよね。

山内：「もののデザイン」をする人たちのデザイン学会でも、「ことのデザイン」「学習環境のデザイン」とか言ったりしますから。

美馬：初版の時にはまだまだ一部の人しか共有してなかったんですよね。この二五年間で認知されてきたっていう感じ。だからこそ今、当たり前になってることを、もう一回問い直す、その背景を確かめる必要があるのかもしれない。

山内：逆に言うと、この本を必要としてる人はすごく増えたんじゃないかと思うんですよ、一般的な知識としては普及したから。

美馬：デザインする時の「ツール」、「人工物（artifact）」っていう山内さんの概念もあるじゃない？

山内：この四半世紀で美馬さんが「マインドウェア」を加えたとしたら、私は「ツール」「人工物」の次元を加えたんですよね。

この本の出版後、二〇〇八年にスマートデバイス（iPhone）が出てきて、一人一台持つようになったたっていうのは大きい情報環境の変化です。「インターネットの普及」と「AIの普及」の間にツールの「一人一台」化のフェーズは見過ごせない。今や大学も小中高等学校みんな一人一台持ってるじゃないですか。

一人一台が情報空間につながってるっていうのは、すごいポテンシャルがあって。かつて「デジタル教材」と言われたものは、単に教育内容がデジタル化されたことにとどまらず、ツール自体に教育的意図を埋め込んだ教材を、医者が薬を処方するようにひとりひとりに届けることができます。「こういうツールを使っている間に自然にこういう思考力が育つ」という仕掛けが持っている可能性を、『学習環境のイノベーション』（東京大学出版会、二〇二〇年）という本にまとめました。私の中ではこの本の初版で考えたことの続編みたいな位置付けになっているんで、ぜひ読んでもらえるといいかなと思うんですけど。

美馬：そうした「ツール」のインパクトの大きさの一方で、私のその後の展開はというと、デザインする「人」、「学習環境デザイナー」っていう存在についてかな。

「学習環境デザイナー」とはコミュニティ内部の人でありながら、コミュニティ外の人とも接点がある人、です。必ずしもカリキュラムを開発したり、教室や什器を設計する人のことではないんです。

誰かを連れてきてここをデザインしておしまいじゃなくて、内部の人が自分たちで、今あるリソースを考え、活動し、内部から外の世界で起こっていることを見ながら、自分のコミュニティを社会的に位置づけてゆく人の必要性です。

山内：それは、「こうしたらどうだろう」といつも上書きしていく仮説的パースペクティブなので、別に正解があるわけじゃないんですよね？

美馬：ないですね。コミュニティの構成員なんだけれども、学習環境をデザインするための構成員、ということなのかなって気がします。そしてその構成員が、そのコミュニティで正式に認められた人であることっていうのが大事です。

山内：ごめんなさい、面白いところだからつっこんで聞きたいんですが、それって専門職なんですか？

美馬：いや、そうじゃない。必ずしも資格であったり何々委員であったりする必要もない。

山内：つまり、役割があればいい。ある種のマネージャーであるっていうことですかね、そういう意味では。

美馬：そう。ちゃんとそれが他の構成員も認識している役割であるっていうことが大事。
ウェンガーのいう「前哨兵」の喩えみたいに、部隊の一番前線にいて、この後どういうことが起こるぞみたいなことを意識しつつ、後ろの人に伝える。
山内さんの「ツール」と私の「学習環境デザイナー」という要素は、（本書一七七頁「誰が「デザイン」するのか」）学習コミュニティのデザイン原則に追加することかも？　デザイナーに必要なのは、ライブラリを作るためのツールがあること、共同体の内部の人がそのツールの変更を用意できること、それが共同体の外の世界につながるツールであること。学習環境デザイナーがチームとして存在すること、デザイナーチームは共同体内部のメンバーで構成されること、チームは共同体の中の正式な組織であること。これらを今の時代に導き出した、そういう本だったように思う。

コミュニティは「周辺」から変わってゆく

美馬：今まで学習環境デザイナーっていうのは、コミュニティの「外」にいる、なんらかの専門家、建築家、教育工学の研究者で、ある教室に対して「実践の研究者」として入っていくんだけど、いつも外の人で、その人がいなくなっちゃったらそれでその理論もツールも使われなくなる。だから、実践共同体の内側にそういう人がいるっていうのが長続きさせるための条件なんじゃないかしら。未来大のプロジェクト学習で言えば、プロジェクト学習全体を統括するグループの教員たちは、他の教員と同じにそれぞれみんな自分のプロジェクトを持っている。統括するグループのメンバーは、それぞれのプロジェクトの当事者としての役割もある、ということ。

山内：その時に外側の人は全然要らないんですか。中のデザイナーだけじゃなくて、外のデザイナーは要らないのか、と。専門性が違う別のデザイナーが外にいると、コラボレーションで越境学習が起きることが結構大事なんじゃないかなって気がするんですけど。

美馬：外部の人は、要る。たぶんコミュニティを作ってゆくいくつかのフェーズによって違う。未来大の場合も、建物や制度をつくっていくメンバーと、あとは、未来大が開学してつくり込んでいくメンバーと。

山内：でも、始まった後も、そのアクティビティをデザインしていく時に、何かちょっと違う人が外側にいることも、意義があるんじゃないかなっていう気はするんですけど。

美馬：私のイメージでは学習環境のデザイナーというのは、コミュニティを当事者としてつくっていながら、しょっちゅう外に出て何か引っ張ってくる、という感じのような気もしますね。最近「共事者」という言葉を知りました。ずっとそこにはいないけど、「事」を共有している人。山内さんのいうのは、この「共事者」に当たるかも。

山内：そう。実践共同体論でいうところのブローカリングするんですよね。周辺にいる人があっちのコミュニティではこんなことをやってるんだけどみたいな話を別のコミュニティに持ってきたりするような人。中ですごい煮詰まっちゃってる時に、そんなのこっちでこうやってんだからこうやればいいじゃんみたいな話とかを持ってきてくれるような外部の人っていうのは、結構大事なんじゃないかなっていう気がします。

美馬：まちづくりの話などで、有名になってる人っているよね。

山内：そういう人で評価が高い人は、自分でもやった人なんですよね。だから、あるところから巣立っていって、別のところでもやって、そういうのをやっぱりつなげるのが次のステージとして大事だと認識して意図的にやっている。そういう人たちは結構いるかなっていう気はしますね、いろんな領域に。

コアなメンバーもいるけど、何かその時だけ入ってくる人もいる。その時々の人、アウトサイダー、そういう人も大事だっていうことだよね。だから、コミュニティの内側といっても、いつもみんながアクティブでコアメンバーじゃないっていうこともある。

美馬：未来大でも、開学して、いろんな人が見に来てくれたり聞きに来てくれたり、その時の意見交換の時に、やっぱりそうかと思って気付くこともあって。

そもそもなぜ「ワークショップ」「プロジェクト」か

山内：未来大ももうすぐ開学二五周年、ＰＢＬは二三年目ってことですよね。

美馬：ＰＢＬっていう教育方法はかなり定着してきて、特に大学とか、もう知らない人はいないぐらいに日本の大学関係者みんな知るようになりました。

山内：高校でも「探究学習」が入ってきたりしてますね。ＰＢＬとは少し毛色は違いますけど。いわゆるフォーマル学習である初等中等教育から高等教育にかけてもある種普及したし、インフォーマル学習は、今やもうワークショップって言葉は普通に使うようになり、企業内の人材育成も含めてスタンダードな方法になりましたね。ワークショップについては、慶應義塾大学出版会から『ワークショップデザイン論』（第二版、二〇二一年）を出しました。

美馬：最近、未来大開学一年前の一九九九年四月に議論していたときのビデオが発掘されて、その中でも「ワークショップ」って言っていました。みんな最初、意味がよく分かっていなかったのだと思う。何かものづくりの教室をワークショップっていう言い方はよくするじゃない？　この二十数年の間に、学習や教育に対する考え方が変わってきて、一斉授業に対して、そうではないあり方を「ワークショップ形式」っていって、定着してきたような気がするんだけど。

山内：もう普通に、だからＮＨＫとかでも、「ワークショップ」とか言っても別に普通に放送されるようになりました。この本が出る直前に、ＮＨＫがメディアリテラシーワークショップを取材して番組を作ったとき「ワークショップ」はまだ普及してない言葉だから使えないと言われて「体験ゲーム」って言ってたんです。

この本が出た当時って、まだワークショップって言葉ってそれぐらいの市民権しかなかったんだけど、今はワークショップっていろんなところで使うようになったし、普通の親御さんが子ども向けワークショップに普通に申し込むような時代になったんで、そういう意味では、二五年間でこういう学びの形態が本当に普及してきたんだなと感じます。

でも、困ってる人はいっぱいいると思う。ＰＢＬ、探究学習、ワークショップって言ってるけど、これ、学習はほんとに成立しているのかどうか。あくまでも世の中のニーズとしてこういうものが見られるようになったっていうだけで、学習としてやっぱり十分な状況になってるかっていうと、まだまだちょっとそうじゃないんじゃないかなっていう気はしますよね、率直に言って。

美馬：大学のカリキュラム改革、ＦＤ（ファカルティ・ディベロップメント）では、こうした概念を知っていたとしても、「そもそも」の話をする必要があるように思ってます。

そもそもなぜプロジェクト学習なのか、そもそもなぜテーマによる教科の統合をする必要があるのか、プロジェクトの成果をどう社会に還元するのか。学んだ過程を意識化して概念として応用可能な知識まで持っていかないと、体験するだけで、楽しかったねで終わっちゃう。

最近いろいろなところで実施されるようになったプロジェクト学習について誤解は主に三つある。「教員はテーマを与えて活動させればよい」と誤解する。学生は「サークル活動と同じものだ」と誤解する。企業や自治体は「無償の労働力」だと誤解する。たとえば、地域の課題も、すぐに解決できるわけではない。シャッター商店街の活性化っていうのがよくあるけど……。

山内：これ、よくある話ですね（笑）。

美馬：みんなで商品開発したり、あとスタンプラリーをする。未来大には、実社会で使える電子カルテとか、多言語の観光システムつくって欲しいとか。

でもここで必ず私が言ってるのは、このプロジェクト学習は学習機会の提供であり、単位を認定する授業として、設計されていなければならないものなんです。だから、学んだ過程を意識化して応用可能な知識にしていくために、教員は授業をちゃんと設計して、実践評価のサイクルを回す必要がありますと。そこはほったらかしじゃ駄目なんですって。

山内：プロジェクトを実行すればOKじゃなくて、プロジェクトで何を学習したかっていうことを見なきゃいけないし、その学習が起きるようにまさに学習環境をデザインしなきゃいけない。そのレイヤーが抜けると、社会人でも難しいプロジェクトに経験の浅い学習者が取り組んで、結果として劣化プロジェクトになっちゃう。現場の人たちも残念な感じになっちゃうし、学生も自信を失っちゃうから、かえって悪いことが起きちゃう危険性もあります。

プロジェクトはあくまでも学習機会なのであって、そこで学んだ人たちが成長したら将来的にはその課題を自分で解くかもしれないけど、そこで画期的な解が出るっていうのは、大学生のレベルでもなかなか難しい。当然、小中高もです。そこは強調しておいたほうがいいかなと思うところですよね。

対談の終わりに――これから一歩踏み出す先とは

美馬：二〇世紀の終わりにあった学習観の転換が「知識の獲得」から「知識の創造」へのシフトだとすると、この次の二〇年では何をどうやって学ぶことが必要か。

先ほど学習理論の変遷の話の時に、コミュニティの変革としてちょっと触れましたけど、エージェンシーという、変革を起こすために目標を設定し振り返りながら責任ある行動を取る力とか、自分の世界・周りの世界に良い変化を起こすっていう、こういうことが必要だといわれています。

ＯＥＣＤのラーニング・コンパスの中では、これらの力は現実世界との関わりの中で学習する必要があると。これはまさにプロジェクト学習、ＰＢＬですよね。だから、学習方法として、もうＰＢＬは欠かせないんだけど、ＰＢＬではさっき言った問題点が出てきている。

これまでのＰＢＬという手法に不足していた点、さっきのシャッター商店街、観光情報、地域商品の開発みたいのになっていて、何が足りないかっていうこと。それはグローバルな課題への意識とか、持続可能性の検討とか。さらには、「こういうシステムがあるといい」って言って有益な側面ばかり強調して提案するんだけど、負の側面は検討されてない。これをつくることによって不利益を被る人がないのかみたいなこと、それじゃないかな。シャッター商店街でスタンプラリーしたって、その後それを続けられるのかっていうようなこと。
あと地元の課題を発見して解決するのはいいんだけど、でも、それが今の多元的共生社会に向けて何ができるか、というグローバルな視点も大切。グローバルに問題が起きている中で、ローカルでは日本では経済の衰退とかがあって、じゃあこれどうするっていうこと。そこで必要なのが、人々が共に生きていく公正な社会の実現に向けて、地球市民として自律的に生涯学び続け、新しい道を切り拓く人になること。変化を起こす主体になれると思えるってこと。他者の視点に立つとか、バイアスに気付いていくっていうこと。DEIA――Diversity（多様性）、Equity（公平性）、Inclusion（包含性）、Accessibility（アクセス可能性）――を、PBLという手法にこれまで不足していた視点を入れていくことを私は提案したい。学習者自身が課題を見つけ出して、その影響を考慮して対処していく方法を学ぶ中で、こういった視点を持ちましょうと。

美馬：もう一つは、ChatGPTが出てきたことによってさらに重要になってきたのは、議論をして、批判的に自分なりの考えを持てるようになるということ。「クリティカル・ペダゴジー」という教育学もある。現状に疑問を抱き、それと向き合っていくように働きかける教育手法。それがさきほどの社会的な行動を促すとか、エンパワーメントにつながっていく。いろんな人の考え方に接して、さらにそういう人たちとうまく交渉、折り合いをつけながら、合意形成に導いていくこと、ですね。

山内：この本がなぜ『「未来の学び」をデザインする』ってタイトルにしたかっていう話を覚えてますか？　『「学習環境」をデザインする』でもよかったんですけど、いろいろ検討して、「未来の学び」にしたんですよね。現在行なわれているさまざまな教育の枠組みをいったんかっこに入れ、本来あるべき姿をデザインを通じて明らかにしていきたいっていう願い。本来あるべき姿っていうのは、常にアップデートされ続けるんです。

私たちは常に未来の学びをデザインしなきゃいけない状況に実はあって、古くならない。次にデザインしなきゃいけない課題がどんどん生まれていく。「未来の学び」はデザインし続ける必要があるものなのではないか。それはこの本の目標論的なポイントです。このタイトルにしておいて、ほんとによかったと思います。

文献案内

▼空間

①アクティビティを設計せよ！
——学校空間を軸にしたスタディ
ISBN:4395200516
彰国社（2000-06 出版）
小嶋一浩【編著】
学校の建築について、子どもたちの活動、動線から設計された事例を紹介している。Ａ４判の書籍の見開きを、写真を用いてフルに活用し、その上に様々な書き込みを加えているユニークなスタイルの本。オープン性、可動性などについての見方もおもしろい。

②未来の学校建築
——教育改革をささえる空間づくり
ISBN:4000264435
岩波書店（1999-11 出版）
上野　淳【著】
画一的な建築様式としての学校からの脱皮を試

みようと、全国で様々な動きが起こっている。少子高齢化が進む現在、学校だけで単独に存在するのではなく、地域の社会に溶け込んだ新しい空間としての未来の学校の可能性を考える。

③民主主義と教育〈上〉〈下〉

ISBN:4003365232, 4003365240
岩波書店（1975-06, 07 出版）
ジョン・デューイ【著】松野安男【訳】

教育を通して個人のさまざまな資質や興味を自由に伸ばし、主体的に考え行動する人間を育てていかなければならない。著者はその思想の下、伝統的な教育の固定した教育過程と注入式の教育方法の欠陥を克服するために小学校を開校した。その試みや思想は、今でも世界中の教育係者に大きな影響を与え続けている。

④専門家の知恵
——反省的実践家は行為しながら考える

ISBN:4946509267
ゆみる出版（2001-05 出版）
ドナルド・ショーン【著】佐藤　学・秋田喜代美【訳】

「振り返り」「省察」「内省」「反省」と訳される「リフレクション」という過程に注目し、専門家としての教師の成長について考察する。優れた実践者はしばしば行為の中で省察を重ねて行為を進化させるというこのあり様は、現代を生きるすべての人にとって必要だ。

⑤コンヴィヴィアリティのための道具

ISBN:480096884

筑摩書房（2015-10出版）
イヴァン・イリイチ【著】渡辺京二・渡辺梨佐【訳】

コンヴィヴィアルとは「個人を尊重しながらも、協調しながら、いきいきと共に生きている状態」のこと。インターネット時代の社会のあり方につながっている。学校や学びのあり方についても、この概念をあてはめてみると、いろいろなものが見えてくる。

⑥被抑圧者の教育学

ISBN:4750579076
亜紀書房（1979-05出版）
パウロ・フレイレ【著】小沢有作ほか【訳】

ブラジルの識字教育に貢献したフレイレは、その活動の中で、個人を尊重した対話に基礎を置き、学習者自らその過程に貢献すること、日常生活に関係するものから出発すること、識字教育は学習する共同体という状況の中で行われなければならないこととして実践した。

⑦教師と子供のポートフォリオ評価
——総合的学習・科学編

ISBN:4846000710
論創社（1999-05出版）
エスメ・グロワート【著】鈴木秀幸【訳】

ロンドン大学のS・クラークを中心として開発され、英国の多くの学校で採用されている「重要な達成事項を記録するポートフォリオ評価」について解説。ポートフォリオを、科学や総合的学習の評価に用いるにあたって実際にどうすればよいかについて紹介している。

⑧近代建築 Vol. 76
特集 学校建築 新しい時代の学校空間
近代建築社（2022-07 出版）
新しい時代の学校空間のあり方について、特にコミュニティ構成のあり方から対談した特集。著者（山内）が対談に参加している。

▼活動

⑨セルフ・エデュケーション時代
ISBN:4845901277
フィルムアート社（2001-12 出版）
川俣正、ニコラス・ペーリー、熊倉敬聡【編】
アートの世界においても「セルフ・エデュケーション」をキーワードに、地域や社会との関係を意識し、協調的に作品を作り上げていく活動が始まっている。師匠がいて、弟子がそれを手伝うということではなく、一人ひとりが意味を考え、参加していく方法である。

⑩「まち育て」を育む
——対話と協働のデザイン
ISBN:4130611186
東京大学出版会（2001-04 出版）
延藤安弘【著】
長年の全国の町づくりの現場での実践から得た知識と技術、そこから生まれてくる理論から、新しい「まち育て」を提唱する。「まち育て」を目標に、そこに関わる異なる背景の人の間の対話を促進し、協働していくことは、まさに空間、活動、共同体のデザインである。

⑪仕事の中での学習——状況論的アプローチ
ISBN:4130131095
東京大学出版会（1999-11 出版）
上野直樹【著】
認知科学、社会学、文化人類学などで注目されている「状況論」について、従来、個人的営みとして捉えられていた学習が、実は社会相互的に、テクノロジや道具の使用を通して作り上げられるものであることを、旋盤工場や流通倉庫などを対象にした分析から示す。

⑫拡張による学習
——活動理論からのアプローチ
ISBN:4788506890
新曜社（1999-08 出版）
ユーリア・エンゲストローム【著】 山住勝広ほか【訳】
学習を活動という観点から見直し、ヴィゴツキー理論の新しい展開として最近注目されているエンゲストロームの主著。葛藤による学習に関する基本的な概念も提示されている。

⑬状況に埋め込まれた学習——正統的周辺参加
ISBN:4782800843
産業図書（1993-11 出版）
ジーン・レイヴ、エティエンヌ・ウェンガー【著】 佐伯 胖【訳】 福島真人【解説】
状況的学習論のさきがけとなった記念碑的作品。人類学的なフィールドワークの知見から、徒弟的な学習の説明原理として正統的周辺参加という概念を導出している。

⑭ワークショップ――新しい学びと創造の場
（岩波新書）
ISBN:4004307104
岩波書店（2001-01 出版）
中野民夫【著】
ワークショップの歴史的系譜、概念、実践の分類などがコンパクトにまとまった良書。ワークショップとは何かを学びたい場合に最初に読む本として最適。

⑮パフォーマンス心理学入門
――共生と発達のアート
ISBN:4788516241
新曜社（2019-03 出版）
香川秀太・有本典文・茂呂雄二【著】
「第4章 状況論からパフォーマンス心理学へ」では、本書の状況論から続く系譜であるパフォーマンス心理学について、その連続性と不連続性について解説。パフォーマンス心理学における実践も紹介している。

⑯パフォーマンス・アプローチ心理学
――自然科学から心のアートへ
ISBN:4823411609
ひつじ書房（2022-10 出版）
フレド・ニューマン、ロイス・ホルツマン【著】茂呂雄二・岸磨貴子・北本遼太ほか【訳】
パフォーマンス心理学の祖である著者らの新しい心理学の提案。認知心理学者だった二人が研究室を出て、まちに繰り出し、実践を重ねる。それは現代に大きなうねりとなって、世界に広がってきている。

⑰未来を創る「プロジェクト学習」のデザイン
ISBN:4764955555
公立はこだて未来大学出版会（2018-10出版）
美馬のゆり【編著】冨永敦子・田柳恵美子【著】

本書でも紹介しているはこだて未来大学のプロジェクト学習（ＰＢＬ）を実施するのためのノウハウやデザイン原則についてまとめたもの。一七年間の試行錯誤の中で蓄積してきた教員の役割、評価の方法、社会とのつながりなどを事例とともに紹介。

⑱問いのデザイン
——創造的対話のファシリテーション
ISBN:4761527439
学芸出版社（2020-06出版）
安斎勇樹・塩瀬隆之【著】

近年、学校教育だけでなく、生涯教育の場においても実施されるようになってきたワークショップ形式の学習。その肝となるファシリテーション。創造的な対話をいかに実現するかは、問いのデザインに関わっている。

⑲作ることで学ぶ
——Makerを育てる新しい教育のメソッド
ISBN:4873117208
オライリージャパン（2015-03出版）
Sylvia Libow Martinez・Gary Stager【著】阿部和広・酒匂寛【訳】

社会構成主義の教育実践は、ＭＩＴラボでパパートを中心として行われてきた。その流れを汲む Maker スペース、Fab Lab、STEM教育、プログラミング教育などの活動の源流、哲学がわかる。

⑳デジタル社会の学びのかたち Ver. 2
――教育とテクノロジーの新たな関係
ISBN:4762831263
北大路書房（2020-10 出版）
A・コリンズ、R・ハルバーソン【著】稲垣忠ほか【編訳】
教育現場におけるテクノロジーの活用について、コンピュータが導入された当初から長年に渡り、研究者として関わってきている著者が語るテクノロジーの進化と教育現場への普及、そして社会の変化と学校現場の変化。子どもにとって適切な支援とは、公教育は何をすべきかを問い続ける。

㉑ワークショップデザイン論 第2版
――創ることで学ぶ
ISBN:4766427202
慶應義塾大学出版会（2021-01 出版）
山内祐平・森 玲奈・安斎勇樹【著】
ワークショップデザインについて、理論・方法・評価について網羅した解説書。ワークショップの事例も豊富に記載されている。

▼共同体

㉒科学する文化（シリーズ学びと文化③）
ISBN:4130530674
東京大学出版会（1995-08 出版）
佐伯 胖、藤田英典、佐藤 学【編集】

科学教育について、第一線で活躍する科学者たちの教育に関する話が興味深い。数学者の広中平祐氏と教育学者の佐伯胖氏の対談では、本書で紹介している数理の翼セミナーの開催が、広中氏の生い立ちとともに詳しく語られている。

㉓コミュニティ・オブ・プラクティス
——ナレッジ社会の新たな知識形態の実践

ISBN:4798103438
翔泳社（2002-12 出版）
エティエンヌ・ウェンガー、リチャード・マクダーモット、ウィリアム・スナイダー【著】野村恭彦【監修】櫻井祐子【訳】

実践共同体をどのように育成していくのかを、様々なモデルをもとに考察している本である。ウェンガーが執筆したコミュニティ・オブ・プラクティスの一連の著作の中で、唯一日本語で読めるものである。

㉔学び合う共同体（シリーズ学びと文化⑥）

ISBN:4130530704
東京大学出版会（1996-05 出版）
佐伯　胖、藤田英典、佐藤　学【編集】

学校の中で学びの共同体を構築していくための基礎的な考え方や様々な視点を紹介している本である。本書でも紹介した湧源サイエンスネットワークの事例も紹介されている。

㉕デジタル社会のリテラシー
——「学びのコミュニティ」をデザインする

ISBN:4000240048
岩波書店（2003-04 出版）

山内祐平【著】

情報リテラシー、メディアリテラシー、技術リテラシーなど、情報化社会に必要な能力を学ぶための原則とその方法を提示した本。方法の一つとして、学びのコミュニティをデザインするというアイデアを提示している。

㉖新復興論　増補版

ISBN:4907188412
ゲンロン（2021-03 出版）

小松理虔【著】

東日本大震災からの復興の現場で活動しながら考え続けた著者の考える共同体の意味。そこで共有されるのは何か。共同体の外にいる人たちができることは何か。著者が生み出した概念「共事者」とは。他人事ではなく、当事者でもない、「事（こと）」を共にする「者」ができること。

▼その他

㉗教育という文化

ISBN:4000225294
岩波書店（2004-02 出版）

ジェローム・ブルーナー【著】岡本夏木ほか【訳】

認知研究における教育理論の専門家である著者が、変化の激しい現代社会において、教育とはどうあるべきかについて、半世紀にわたる研究成果から述べる。その内容は、文学、心理学、科学、文化人類学等を横断し、著者の知見の広さと深さを感じさせるものである。

㉘認知革命——知の科学の誕生と展開
ISBN:4782800371
産業図書（1987-08 出版）
ハワード・ガードナー【著】佐伯 胖・海保博之【監訳】

認知科学についての詳細な歴史書。著者のガードナーは、心（マインド）について長年にわたり探求している、知識の多重理論で有名な認知心理学者。哲学から工学にまで広がる学際的な学問である認知科学の歴史を知るためにこれほどの内容のものは、後にも先にも出てこないに違いない。

㉙教育工学への招待（改訂新版）——教育の問題解決の方法論
ISBN:4906768903
ジャムハウス（2021-05 出版）
赤堀侃司【著】

教育工学とはどのような学問分野であるのかを理解するための入門書として、簡潔にまとめられていて読みやすい。教育工学はコンピュータなどの情報機器を利用することが目的の学問ではなく、教育の営みを科学する学問であり、教育方法の改善を目指すものである。

㉚心の声——媒介された行為への社会文化的アプローチ
ISBN:4571210302
福村出版（1995-08, 2004-05 出版）
ジェームス・ワーチ【著】田島信元ほか【訳】

学習が個人の営みではなく社会文化的なもので

あるという状況論の流れには、いくつかの源流が存在する。著者はそのひとつであるロシアの心理学者ヴィゴツキーの流れを汲む。「意味多声性」に注目し、社会文化的状況、社会的言語と媒介された行為について考察。

㉛授業を変える——認知心理学のさらなる挑戦

ISBN:4762822752
北大路書房（2002-10 出版）
米国学術研究推進会議【編著】森　敏昭・秋田喜代美【監訳】

第一線で活躍する米国の学習科学の研究者たちによる一冊。「研究室における研究」から脱却し、教育をよりよくするためにはどうするべきか、その研究成果をいかに応用していくべきか、その知見をおしみなく提供する。学習環境デザインについても示唆に富んでいる。

㉜マインドストーム
——子供、コンピューター、そして強力なアイデア

ISBN:4624400437
未來社（1995-03 出版）
シーモア・パパート【著】奥村貴世子【訳】

レゴ・ブロックをプログラム可能なロボットのキットとして考案したLego Mindstormsが世界的に注目されている。その教育思想の原点となるのが本書。著者は心理学者ピアジェと出会い強い影響を受けた数学者。ＭＩＴメディアラボの設立当初からのメンバーでもある。

㉝「わかる」ということの意味
——子どもと教育
佐伯 胖【著】
岩波書店（1995-09 出版）
ISBN:4000039393

㉞「学ぶ」ということの意味——子どもと教育
佐伯 胖【著】
岩波書店（1995-04 出版）
ISBN:4000039326

㉝と㉞は二冊をセットで読むことをお薦めする。私たち大人は本当にわかっているのか？　何で私たちはわかろうとするのか、しないのか。わかることと納得すること、できることとわかることの違いは？　最も人間的な営みである学びを根源から問い直すための好著。

㉟〈家の中〉を認知科学する
——変わる家族・モノ・学び・技術
野島久雄・原田悦子【編著】
新曜社（2004-03 出版）
ISBN:4788508893
私たちの生活が科学技術によって急速に変化してきている。それに伴って家事労働や家族関係が変化してきていることは明らかであるが、実は、私たちの認知活動も変化している。学習という営みは、学校だけでなく、日常からも変化を余儀なくされていることに気づく。

㊱アクション・ラーニング
ダイヤモンド社（2002-09 出版）
ISBN:4478373876

デービッド・ガービン【著】沢崎冬日【訳】
本書で紹介してきた学びのあり方を、ビジネスの世界、企業内教育に展開するとどうなるかが書かれている。「学習する組織」を構築するための組織のあり方や実際に行動するにはどうしたらよいかが、GEやゼロックス、米国陸軍の例をまじえ、具体的に書かれている。

㊲実践アクションラーニング入門
——問題解決と組織学習がリーダーを育てる
ISBN:4478374694
ダイヤモンド社（2004-07出版）
マイケル・マーコード【著】清宮普美代・堀本麻由子【訳】
アクション・ラーニングをさらに進めるための具体的な手引書。本書の参考文献には、学習科学の著名な論文が数多く登場する。学習は個人だけでなく、チーム、組織学習が必要であり、そのために重要なのが「質問」と「リフレクション」であると強調する。

㊳学習する組織「5つの能力」
——企業変革をチームで進める最強ツール
ISBN:453231075X
日本経済新社（2003-09出版）
ピーター・センゲほか【著】牧野元三【訳】

㊴市民・組織・英知 NHKスペシャル「変革の世紀」〈1〉
ISBN:414080730X
日本放送出版協会（2002-11出版）
水越伸、NHKスペシャル「変革の世紀」プロ

ジェクト【編】
情報技術に促進されたグローバル化の波は、NPOやNGO活動、企業、行政、教育現場を大きく変えようとしている。個人がネットから瞬時に得られる情報が増え、迅速な判断と行動が、最先端を行く軍隊や企業で求められ、逆ピラミッド型の組織が提唱されている。

㊵暗黙知の解剖
――認知と社会のインターフェイス

ISBN:4760895124
金子書房（2001-11出版）
福島真人【著】
文化人類学者である著者が、ポラニーの「暗黙知」の概念をもとに、組織の中での学習について分析する。技能の熟練、分業や協業について、現場や巨大なシステムの中での学習について解き明かす。テクノロジーや、チームワークと認知の関係についても言及している。

㊶認知的道具のデザイン
――状況論的アプローチ2

ISBN:4760892826
金子書房（2001-10出版）
加藤　浩、有元典文【編著】
学習が起こる文脈の中で、道具などの人工物がどのような役割を果たしているかを分析した論文を集めた本である。ブロックを使った協調的プログラミング学習や、動物を観察してコンピュータで動きを再現する際の認識の変容など、ユニークな事例が取り扱われている。

㊷クリエイティブ・ラーニング
――創造社会の学びと教育
ISBN:4766425723
慶應義塾大学出版会（2019-02 出版）
井庭 崇【編著】鈴木 寛・岩瀬 樹ほか【著】

「序章 構成主義の学びと創造」は、社会構成主義の系譜を丁寧に辿っている。ピアジェ、パパート、ヴィゴツキー、デューイについて、原著に当たりながら、著者なりの意味づけを行い、新たな理論をその上に築こうとしている熱量が感じられる。

㊸認知科学講座3　心と社会
ISBN:4130152033
東京大学出版会（2022-09 出版）
鈴木宏昭【編】

二〇〇五年以降、本書が出版されるまでの理論的な変遷がわかる「第3章 状況論とポスト状況論」。状況論はその後どのような方向に向かい、どのような影響を与えていったのか、そして昨今注目されているアクターネットワークセオリーについても解説している。

㊹アクターネットワーク理論入門
――「モノ」であふれる世界の記述法
ISBN:4779516714
ナカニシヤ出版（2022-06 出版）
栗原 亘【編著】伊藤嘉高・森下 翔・金 信行・小川湧司【著】

近年広範な領域で参照されているアクターネットワーク理論の解説書。社会学、人類学を超え、経営学、地理学、組織論、教育論などに広がる。

いくつかの領域における展開が紹介されている。

㊺社会的なものを組み直す
――アクターネットワーク理論入門

ISBN:4588010905
法政大学出版局（2019-01 出版）
ブリュノ・ラトゥール【著】伊藤嘉高【訳】

本書の中心である状況論的学習論のその後の展開の一つの方向であるアクターネットワーク理論の提唱者自身の著作。人間だけでなく、あらゆるモノをアクターとして捉え、そのネットワークの結節点として絶えず変化する社会現象を記述する。

㊻関係の世界へ
――危機に瀕する私たちが生きのびる方法

ISBN:4779517613
ナカニシヤ出版（2023-10 出版）
ケネス・J・ガーゲン【著】東村知子・鮫島輝美・久保田賢一【訳】

社会構成主義についての解説書。専門的な解説書というよりは、私たちの日常世界、教育、ヘルスケア、組織などを「関係性」から見直すことへ誘うことを意図した本。

㊼何のためのテスト？
――評価で変わる学校と学び

ISBN:4779517044
ナカニシヤ出版（2023-02 出版）
ケネス・J・ガーゲン、シェルト・R・ギルほか【著】

社会構成主義「関係論」の視点から、学校、評価について、問い直す。学習者の達成度と進捗状況、参加状況などの調査の後の評価は、協同的意味づけのプロセスに入り、学校内での議論は、次の段階のアクションを起こすための資源となる。

㊽学習科学ハンドブック　第二版（第1巻〜第3巻）

ISBN:4762830259　4762829471　4762829986
北大路書房（2018-06, 16-10, 17-09 出版）

R・K・ソーヤー【編】

「人はいかに学ぶのか」の学問分野である学習科学の研究の歴史、研究トピック、研究方法について、網羅的に書かれているまさにハンドブック。これから学習、教育について研究を行う学生や研究者はセットで手元に置いておきたい。

㊾OECD Education2030 プロジェクトが描く教育の未来――エージェンシー、資質・能力とカリキュラム

ISBN:4623090442
ミネルヴァ書房（2020-12 出版）

白井　俊【著】

文部科学省の職員として、そしてＯＥＣＤ Education 2030 プロジェクトのメンバーとして活動していた著者が、世界の動向、ＯＥＣＤでの議論を踏まえて、日本の教育の未来について語る。「エージェンシー」「コンピテンシー」などの概念についてもわかりやすく紹介。

㊿学習環境のイノベーション

ISBN:41351354-8

東京大学出版会（2020-09出版）
山内祐平【著】
学習環境を空間・人工物という物理的学習環境と活動・共同体という社会的学習環境に整理した上で、四要因のデザインについて事例をもとに解説し、イノベーションのためのデザイン論について記載している。

引用文献

1章

美馬のゆり（二〇〇〇）公立はこだて未来大学／コンヴィヴィアルな活動の場を目指して、『新建築』第75巻第10号、p. 214.

山本理顕・美馬のゆり（二〇〇〇）教育理念から建築まで、新しい理念のもとにつくられた建築、『建築文化』二〇〇〇年九月号、pp. 119–127. 彰国社。

2章

Eckert, Penelope（1990）Adolescent social categories, information and science learning. *Toward a scientific practice of science education*, ed. by Marjorie Gardner, James Greeno, Frederick Reif and Alan Schoenfeld, pp. 203–217. Hillsdale, NJ: Lawrence Earlbaum.

刑部育子・美馬のゆり（一九九九）ものづくりを通した授業における学習過程に関する研究、第2回認知科学国際会議／日本認知科学会第16回大会（ICCS/JCSS99）論文集 pp. 645–648.

Sfard, Anna（1998）On two metaphors for learning and on the dangers of choosing just one. *Educational Researcher*, 27（2）, pp. 4–13.

中野民夫（二〇〇一）『ワークショップ——新しい学びと創造の場』岩波書店。

須永剛司（一九九八）情報のデザインと経験の形、佐伯胖ほか編『情報とメディア』岩波書店。

3章

美馬のゆり（一九九七）『不思議缶ネットワークの子どもたち』ジャストシステム。

ジーン・レイヴ、エティエンヌ・ウェンガー（一九九三）『状況に埋め込まれた学習――正統的周辺参加』佐伯胖（訳）産業図書。

伊藤秀一・三宅貴久子編（二〇〇二）『子ども米レンジャーと旅する米米ワールド――時空を超えた小学生による「お米白書」』高陵社書店。

ユーリア・エンゲストローム著、（一九九九／二〇二〇）『拡張による学習』山住勝広（訳）新曜社。

Brown, J. S., Collins, A., & Dugid, P.（1989）Situated Cognition and the Culture of Learning. *Educational Researcber*, 18, 32–42.

Wenger, E.（1998）*Community of Practice-Learning, Meaning, and Identity*, Cambridge University Press, Cambridge.

あとがき

［二〇〇五年初版へのあとがきです］

私たちは、様々な領域で学びの現場に寄り添っている人たちと一緒に研究を進めてきました。子どもたちに本気になって学んでもらおうと孤軍奮闘する教師たち。カラフルな紙粘土をこねながら、ワークショップの参加者に創造の翼をはばたかせてもらおうと準備を怠らない教育NPOのスタッフたち。企業の中で部門を越えた交流が新しい知識創造につながることを信じて、共同体を織りあげようとするリーダーたち。このような営みはこれまで、学校教育、社会教育、企業内教育という領域に分断され、それぞれ悩みを抱えながら個別に日々実践されてきました。

私たちはこれらの領域を越境しながら研究を進める中で、全く違う領域にもかかわらず、豊かな学びを生み出している実践には一定の共通点があることに気づきました。空間、活動、共同体という観点から学びの環境を組織化している点です。

この本の企画は、一九九八年にその芽が見え始めました。三章で紹介した湧源サイエンスネットワーク・プロジェクトがきっかけでした。東京都立明正高校を舞台に第二期のプロジェクトが始まったとき、私たちは初めて共同研究を行うことになりました。参加者には、明正高校教諭の吉岡有文さんと生徒たち、そして科学者として、湧源クラブの有志たちがいました。

プロジェクトが進むに連れ私たちは、この実践を可能にしている湧源クラブという集団の特徴に興味を引かれるようになりました。当時、科学者と学習者を電子ネットワークでつなぐという試みは様々なところで行われていました。そのほとんどは子どもの疑問に科学者が答えて終わりというものでした。ところが湧源サイエンスネットワークでは、科学者どうしが科学の話で盛り上がり、そこに高校生が周辺から参加していくという、全く違った展開になっていました。数学者の広中平祐先生が作った湧源クラブのメンバーたちは、理学、工学、医学などを含む数理科学全般に強い興味関心を持ち、何か問題を見つけるとそれを理解しよう、あるいは解こうと、とことんつきつめて考える傾向があります。この集団はどのように成り立っているのか、それを知るために私たちは大定例会に出かけることになりました。そこで三章の「学研のふろく」のエピソードが起こりました。この独特な共同体のあり方を明らかにして世に知らせたい、それが出版に向けた最初のできごとでした。

次の大きな展開は、公立はこだて未来大学の創設です。湧源サイエンスネットワークの第一期からの協力者でもある美馬義亮さん、秋田純一さんは、一九九六年に始まった大学計画策定の段階から、開学後は教員として大学創設に携わりました。二〇〇〇年四月、実現された建物に教職員と学生が入ってきました。この空間を舞台にどのような活動が展開され、共同体ができあがっていくのか、美馬は期待とともに重い責任を感じていました。このころ山内は、同じく二〇〇〇年に東京大学に創設された大学院情報学環において、情報やメディアのリテラシーに関するワークショップをデザインする授業「情報リテラシー論」を担当していました。この本の中で紹介した「友だちの絵本」というワークショップのプランは、当時大学院生であった本書の編集者である長谷川一さんが中心になって作ったものです。

このように私たちは、この六年の間に様々な経験をしてきました。これらの経験が、共同体の話を書きたいと思っていた本の計画に、空間、活動という新たな視座を与え、学習環境デザイン論が立ち現れてきたのでした。『「未来の学び」をデザインする』というタイトルには、現在行われている様々な教育の枠組みをいったん括弧に入れ、本来あるべき姿をデザインを通じて明らかにしていきたいという私たちの思いが込められています。

この本の執筆を進めるにあたって、私たちは共同で本を書くための新しい方法を試みました。まずはじめに、大学での講義や研究会での発表のように、プレゼンテーション・ファイルにまとめ、興味を持つ人を集めて話をします。そこで出てきたコメントや質問をもとにプレゼンテーション・ファイルを修正します。その後、その流れにしたがってはじめに担当する著者の一人が文字に書きおこしていきます。これを私たちは、「一人テープおこし」とよんでいます。「テープおこし」とは、ビデオやテープに収録した講演やインタビューの内容を原稿にするために、書きおこす作業のことをいいます。つまり話した内容を、プレゼンテーションを行った状況を頭の中で「テープおこし」しながら、文章にしていくということです。「一人テープおこし」で書いていくことによって、読み手をはっきりとイメージすることができ、語りかけるような文体ができあがっていきました。こうして一度書きおこした文章をもう一人が手を入れていきます。さらにそれにもう一方が修正を加えていく。このように原稿が二人の著者の間を何度も往復しているうちに、誰がどこを書いたということが判然としなくなっていきました。

時間のかかるこのプロセスを最後まで温かく見つめ、励まし続けてくれたのが、編集者の長谷川さんです。長谷川さんは私たちがこの本を編みあげる実践を支えてくれた、共同体の重要なメンバーです。ここで深い感謝の意を表したいと思います。この本の執筆、編集を通してできあがった共同体ですが、この関係は今後もまだ続いていく予感がしています。

同様に、この本の中で紹介した事例は、筆者二人がゆるやかにつながっている様々な学びに関する共同体のメンバーとの営みがなければ、読者のみなさんに紹介することはできなかったでしょう。特に東京大学大学院情報学環メルプロジェクトにおいて、学びを幅広い文脈でとらえる視点を与えてくれた水越伸さんをはじめとするメンバーのみなさん、未来大学の立ち上げにおいて、新しい空間を共にデザインしてきたヒレル・ワイントラウブさん、その空間を利用して独自の授業スタイルを展開してくれた渡辺儀輝さん、木村健一さん、プロジェクト学習を計画策定から実際に運営し軌道に乗せた美馬義亮さん、そこで生起する学びの過程を共に描き出そうとしてくれた刑部育子さん、これらの人々なしでは、この本は決して生まれることはなかったでしょう。感謝の気持ちでいっぱいです。

この本は、様々な領域で豊かな学びを求めて挑戦を続けている人たちのために書かれたものです。私たちは、読者のみなさんが新しい学びをデザインすることによって、様々な領域に学びの輪が広がっていくことを期待しています。共同体は生きている実体です。それらがさらに、生き生きとしたものとして生き続けていくことを、学びがいたるところで生まれ、進化していくことを願っています。

二〇〇五年二月

美馬のゆり・山内祐平

著者について

美馬のゆり（みま のゆり）

東京都出身．公立はこだて未来大学教授．電気通信大学（計算機科学），Harvard 大学大学院（教育学），東京大学大学院（認知心理学）で学ぶ．博士（学術）．公立はこだて未来大学および日本科学未来館の設立計画策定に携わる．設立後は大学では教授（2000-），科学館では副館長（2003-06）を務める．MIT Media Laboratory（2001-02），UC Berkeley Center for Human-Compatible AI（2021-22）客員研究員．NHK 経営委員（2013-16），日本学術会議会員（2023-）．

主な著作『未来を創る「プロジェクト学習」のデザイン』（公立はこだて未来大学出版会），『学習設計マニュアル』（北大路書房），『AI の時代を生きる』（岩波書店）など．

山内祐平（やまうち ゆうへい）

愛媛県出身．東京大学大学院情報学環教授．大阪大学大学院人間科学研究科博士後期課程中退．博士（人間科学）．大阪大学助手，茨城大学講師，助教授，東京大学大学院情報学環准教授を経て 2014 年より現職．情報化社会における学習環境のデザインやイノベーションについてプロジェクト型の研究を行っている．グッドデザイン賞，キッズデザイン賞，日本教育工学会論文賞受賞．

主な著作『学習環境のイノベーション』（東京大学出版会），『ワークショップデザイン論』（慶應義塾大学出版会），『デジタル社会のリテラシー』（岩波書店）など．

「未来の学び」をデザインする　新版
空間・活動・共同体

2005年4月20日　初版第1刷
2024年9月26日　新版第1刷

［検印廃止］

著者　美馬のゆり・山内祐平
発行所　財団法人 東京大学出版会
代表者　吉見俊哉
153-0041 東京都目黒区駒場4-5-29
電話 03-6407-1069　FAX 03-6407-1991
https://www.utp.or.jp/
振替 00160-6-59964
印刷所　株式会社精興社
製本所　誠製本株式会社

ISBN978-4-13-053098-9
Printed in Japan